A
Todos los
QUE GOZAIS,
CON TODA MI SALSA

Primera edición: Diciembre 2002
Segunda edición: Enero 2003
Tercera edición: Junio 2003
Cuarta edición: Marzo 2004
Quinta edición: Septiembre 2004
Sexta edición: Marzo 2005
Septima edición: Noviembre 2005

Edición: Bainet Media S.A.
Texto: Karlos Arguiñano
Fotografías: Mikel Alonso
Cubierta y diseño interior: RTO publicidad S.L.
Fotocomposición: RTO publicidad S.L.
Fotomecánica: GRAFO S.A

Quedan rigurosamente prohibidas, sin la autorización escrita de los titulares del copyright, bajo las sanciones establecidas en las leyes, la reproducción total o parcial de esta obra por cualquier medio o procedimiento, comprendidos en la reprografía y el tratamiento informático, y la distribución de ejemplares de ella mediante alquiler o préstamo.

© Karlos Arguiñano
© De esta edición, Bainet Media S.A.
Uribitarte, 18 – 48001 Bilbao

I.S.B.N.: 84-932768-2-0
Deposito legal: BI-216-05
Impreso y encuadernado en GRAFO S.A.
Impreso en España (*Printed in Spain*)

Prólogo

En este libro he seleccionado más de cien nuevas recetas de TV. Por tanto, quienes siguen mis programas, saben que las he cocinado y que siguiendo las indicaciones de la elaboración salen sin mayores dificultades. Además, para que resulte más sencillo, he incorporado el paso a paso, con el fin de que nadie se pierda.

Las recetas están pensadas para una cocina doméstica, la de todos los días. Con ingredientes sencillos y fáciles de encontrar. Todas las recetas están abiertas a tu toque personal. Siempre puedes sustituir alguno de los ingredientes, si no te gusta o bien ese día no lo tienes al alcance de la mano. Lo importante es que tú disfrutes cocinando y tus comensales coman rico, rico y con fundamento.

En cada receta, además del paso a paso, encontrarás un práctico consejo, su temporada idónea y la bebida más adecuada para acompañar al plato.

Todas estas recetas necesitan un ingrediente que nunca debe faltar en la cocina, ese ingrediente lo tienes que poner tú, es el cariño. Esa es la clave de que estos platos resulten sanos, baratos y divertidos.

Diciembre 2002

Sumario

Todos los ingredientes de estas recetas están calculados para 4 personas.

Ensaladas

Verduras y hortalizas

Arroces

Pastas

Legumbres

Sopas y Cremas

Huevos

Carnes

Aves

Pescados

Postres

ensalada de verano
con ahumados

ensalada de pasta
con pimientos morrones

ensalada de judías verdes

ensalada con mozzarella

ensalada de berenjenas
y habas

ensalada de verdel
y chipirón

ensalada de setas

ensalada de endibias y pollo

bonito en ensalada

ensaladas

ENSALADA DE VERANO CON AHUMADOS

Ingredientes

2 tomates
200 gr. de bacalao ahumado
200 gr. de salmón ahumado
1 cebolleta
12 espárragos verdes
aceite de oliva virgen
vinagre de Módena
sal

Elaboración

Pela los tomates y córtalos en rodajas finas. Colócalas sobre la base de una fuente hermosa. Sazona con sal gorda.

Pela y pica la cebolleta muy bien y colócala sobre el tomate. Encima, pon tiras finas de bacalao ahumado y de salmón ahumado.

Limpia los espárragos, retira los tallos. En una sartén con aceite, saltea las puntas de espárragos y colócalas adornando la ensalada.

Aliña con un buen chorro de aceite de oliva virgen y vinagre de Módena.

Pela los tomates y córtalos en rodajas finas.

Pela y pica la cebolleta muy bien y colócala sobre el tomate.

Encima pon tiras finas de bacalao ahumado y de salmón ahumado.

Saltea las puntas de espárragos y colócalas adornando la ensalada.

Temporada

Verano

Bebida

Fino

CONSEJO DE KARLOS

Probablemente la práctica del ahumado tiene su origen en tiempos prehistóricos. El invento, tras el descubrimiento del fuego, era casi necesario. Carnes y pescados que se secaban a la llama, quedaban cubiertos por el humo. Esto aportaba un aroma agradable y mejoraba su conservación.

ENSALADA DE PASTA CON PIMIENTOS MORRONES

Ingredientes

250 gr. de pasta de colores
3 pimientos morrones
150 gr. de tocineta ahumada
1 diente de ajo
agua
aceite de oliva virgen
sal

Para la vinagreta:1 diente de ajo, cebolleta, pimiento verde, 1 huevo cocido, aceite de oliva virgen, vinagre, sal

Elaboración

Cuece la pasta en agua hirviendo con sal y un chorrito de aceite. Refréscala en agua fría y reserva.

Para la vinagreta: pica la cebolleta, el pimiento, el ajo y medio huevo cocido. Coloca todo en un bol y añade aceite, vinagre y sal. Deja macerar.

Limpia los pimientos y ponlos en una placa de horno, añádeles un poco de sal y un chorrito de aceite. Introdúcelos en el horno a 200ºC durante 25 minutos. Deja que se templen, pélalos y córtalos en tiras. Pica finamente un ajo, mézclalo con los pimientos y añade un poco del aceite.

Trocea la tocineta y mézclala con la pasta. Sirve en una fuente, a un lado la pasta y al otro los pimientos. Salsea la pasta con la vinagreta.

Cuece la pasta en agua hirviendo con sal y un chorrito de aceite.

Prepara la vinagreta.

Limpia los pimientos y ponlos en una placa de horno, añádeles un poco de sal y un chorrito de aceite.

Trocea la tocineta y mézclala con la pasta.

Temporada

Verano

Bebida

Rosado

CONSEJO DE KARLOS

Hay mucha gente a la que no le gusta la tocineta cruda. Si es así, basta con freírla brevemente. De esta forma se convertirá en una ensalada templada.

ENSALADA DE JUDIAS VERDES

Ingredientes

400 gr. de judías verdes
8 filetes de lenguado
2 patatas
8 espárragos verdes
1/2 pimiento rojo
1 cebolleta
agua
aceite de oliva virgen
vinagre
sal
pimienta

Elaboración

Pica el pimiento y la cebolleta, colócalos en un bol, añade aceite, vinagre y sal y deja macerar.

Pela las patatas y córtalas en rodajas de 1 centímetro. Limpia las judías, retírales los hilos y corta en juliana fina. Pon agua en la olla rápida, añade las judías, echa un poco de sal, coloca la cesta para cocer al vapor y pon dentro las patatas. Cuece durante 5 minutos. Retira todo de la olla y reserva.

Salpimienta los filetes de lenguado. Limpia los espárragos, retírales la parte inferior del tallo. Con cada filete, envuelve un espárrago. Pon nuevamente la olla rápida al fuego, coloca la cesta y encima los rollitos de pescado. Tapa y cuece 2 minutos.

Sirve las vainas en el centro, alrededor coloca las patatas y encima los rollitos de lenguado. Salsea con la vinagreta.

Pica el pimiento y la cebolleta, colócalos en un bol, añade aceite, vinagre y sal y deja macerar.

Pela las patatas y córtalas en rodajas de 1 centímetro.

Pon agua en la olla rápida, añade las judías, echa un poco de sal.

Coloca la cesta y encima los rollitos de pescado.

Temporada

Primavera

Bebida

Tinto joven

CONSEJO DE KARLOS

A la hora de envolver los espárragos con el filete de lenguado es importante que la parte de la piel quede en el interior porque encoge.

ENSALADA CON MOZZARELLA

Ingredientes

150 gr. de mozzarella
8 filetes de mojama
12 espárragos trigueros
8 tomates deshidratados en aceite de oliva
1 tomate
1 lechuga
8 hojas de lechuga roja
aceite virgen extra
vinagre de Módena
sal

Elaboración

Pon los filetes de mojama en aceite para que no esté muy seca. Limpia los espárragos, retírales la parte del tallo y pon a fréir a fuego suave durante 5-7 minutos. Pásalos a un plato cubierto con papel de cocina para que escurra el aceite.

Limpia las lechugas y escurre el agua. Corta la mitad de las hojas de lechuga en juliana fina. Pela el tomate y córtalo en rodajas, haz lo mismo con la mozzarella.

Empieza a montar el plato, colocando en el centro la lechuga cortada en juliana, alrededor de la fuente alterna las hojas de lechuga verde y roja. Un poco más hacia el centro alterna rodajas de tomate con rodajas de mozarella. Sobre la lechuga cortada en juliana coloca los filetes de mojama, los tomates deshidratados y los espárragos.

En un bol pon el aceite de la mojama, un poco de vinagre de Módena y sal. Mezcla y aliña la ensalada.

Pon los filetes de mojama en aceite.

Pon a freir a fuego suave los espárragos durante 5-7 minutos.

Pela el tomate y córtalo en rodajas.

Empieza a montar el plato.

Temporada

Otoño

Bebida

Rosado

CONSEJO DE KARLOS

Los tomates deshidratados conservados en aceite y con hierbas aromáticas, ofrecen un sabor típicamente mediterráneo. Fríos o bien simplemente calentados son perfectos para consumir en ensaladas o como guarnición. Se dejan comer muy fácilmente y tomad nota: crean adicción.

ENSALADA DE BERENJENAS Y HABAS

Ingredientes

2 berenjenas
1/2 kg. de habas
300 g de bacalao
2 tomates
2 cebollas
8 hojas de lechuga
3 dientes de ajo
aceite de oliva virgen
vinagre
sal
perejil

Elaboración

Corta las berenjenas en rodajas y sazónalas. Fríelas en una sartén con un poco de aceite y reserva.

Desgrana las habas y cuécelas durante 3 minutos con sal y un chorrito de aceite. Tras escurrir, pela la mitad y deja el resto con la piel.

Corta la cebolla en juliana, pica los ajos y dora todo en una sartén con aceite. Trocea los tomates y añádelos a la sartén. Echa sal y deja pochar un par de minutos. Desmiga el bacalao (previamente desalado) e incorpóralo a la sartén. Añade las habas con piel y deja a fuego suave durante otros 4-5 minutos.

Coloca en las esquinas de una fuente grande las hojas de lechuga, al lado, las berenjenas y en la mitad las verduras. Añade las habas peladas y aliña con aceite y vinagre. Espolvorea con perejil.

Corta las berenjenas en rodajas y sazónalas.

Fríelas en una sartén con un poco de aceite y reserva.

Desmiga el bacalao (previamente desalado) e incorpóralo a la sartén.

Coloca en las esquinas de una fuente grande las hojas de lechuga...

Temporada

Verano

Bebida

Blanco crianza

CONSEJO DE KARLOS

El secado y el salado son técnicas de conservación muy antiguas. En España han tenido una larga y gran tradición, basta con mencionar el tradicional bacalao, con el que se preparan un sinfín de recetas.

ENSALADA DE VERDEL Y CHIPIRON

Ingredientes

2 verdeles
1 chipirón
1 lechuga
2 zanahorias
1 cebolleta
2 sobres de tinta negra
harina
1 huevo
agua
aceite de oliva virgen
vinagre
sal

Elaboración

Quita las cabezas, las espinas y las colas a los verdeles. Guarda las huevas. Trocea los filetes que han salido. Limpia el chipirón y córtalo en aros finos.

Parte las zanahorias por la mitad, la cebolleta en 4 trozos y échalos al agua de la vaporera. Sazona los filetes de verdel y cuécelos junto con los aros del chipirón en el plato de la vaporera durante 10 minutos.

Limpia la lechuga y dispón las hojas sobre un plato. Encima, pon los filetes de verdel y los aros de chipirón.

Corta las huevas por la mitad, sazónalas, pásalas por harina y huevo y fríelas en una sartén con un poco de aceite. Colócalas sobre lo anterior. En un bol mezcla vinagre, aceite y la tinta del chipirón y viértelo sobre la ensalada.

Sazona los filetes de verdel y cuécelos en la vaporera.

Encima de la lechuga pon los filetes de verdel y los aros de chipirón.

Fríe las huevas en una sartén.

Mezcla vinagre, aceite y la tinta del chipirón y viértelo sobre la ensalada.

Temporada

Primavera

Bebida

Txakolí

CONSEJO DE KARLOS

Para que no haya dudas: el verdel es la caballa y el chipirón es el calamar.

ENSALADA DE SETAS

Ingredientes

1/2 kg. de setas
1 hongo grande
4 huevos
2 patatas
1 pimiento verde
1 cebolleta
2 dientes de ajo
agua
aceite de oliva virgen
vinagre
sal
perejil

Elaboración

Pon a hervir en la vaporera agua con un poco de sal (si se quiere se pueden poner 2 hojas de laurel). Pela, corta las patatas en rodajas y cuécelas en la vaporera durante 15 minutos. Después, sácalas y reserva.

Corta en juliana la cebolleta y el pimiento verde. Dóralos en una sartén con aceite durante 15 minutos. Pica los ajos y dóralos en otra sartén con un poco de aceite. Saltea las setas junto con los ajos. Echa sal y perejil picado.

Escalfa los huevos en agua con vinagre y sal. Mételos en un bol con agua y hielo y resérvalos.

En una fuente grande coloca las patatas, en la mitad, pon las verduras. Dispón los huevos escalfados y las setas salteadas en el plato. Corta el hongo en rodajas finas y adorna el plato. Aliña con sal, aceite y vinagre.

Pela, corta las patatas en rodajas y cuécelas en la vaporera.

Corta en juliana la cebolleta y el pimiento verde. Dóralos en una sartén 15 minutos.

Saltea las setas junto con los ajos.

Dispón los huevos escalfados y las setas salteadas en el plato.

Temporada

Primavera

Bebida

Tinto crianza

Consejo de Karlos

Aunque en esta receta se han utilizado zizas y hongos, se puede elaborar con cualquier tipo de setas. Utilizad aquellas que estén en temporada o sean de uso más frecuente en vuestra zona.

ENSALADA DE ENDIBIAS Y POLLO

Ingredientes

2 pechugas de pollo
2 endibias
4 hojas de lechuga
4 hojas de lechuga morada
1 tomate
1 cucharadita de alcaparras
2 cucharaditas de mostaza
pimienta negra molida
aceite de oliva virgen
vinagre
sal

Elaboración

Limpia las hojas de lechuga, córtalas en juliana y colócalas en el fondo de una fuente.

Quita la piel al tomate, córtalo en rodajas y ponlas alrededor de dicha fuente. Aplasta un poco la lechuga morada y decora las esquinas de la fuente. Alrededor pon las hojas de las endibias.

Quita la piel a las pechugas de pollo, pártelas por la mitad y trocéalas en filetes. Salpimienta y fríelos en aceite. A continuación, colócalos sobre la lechuga.

Para hacer la vinagreta, en un bol mezcla aceite, vinagre, una cucharadita de mostaza, una cucharadita de alcaparras y sal. Aliña la ensalada.

Aplasta un poco la lechuga morada y decora las esquinas de la fuente.

Salpimienta y fríe las pechugas de pollo en aceite.

Haz la vinagreta.

Aliña la ensalada.

Temporada

Otoño

Bebida

Cava

Consejo de Karlos

La endibia es bastante amarga. Para limpiar las hojas de endibia nunca se deben poner a remojo ya que el amargor se acentúa.
Lo mejor es pasar hoja a hoja con un trapo humedecido en agua.

BONITO EN ENSALADA

Ingredientes

1 kilo de bonito
3 cebollas
2 pimientos verdes
4 dientes de ajo
4 hojas de lechuga
4 hojas de lechuga morada
1 endibia
2 huevos cocidos
aceite de oliva virgen
vinagre
sal

Elaboración

Limpia y saca los lomos del bonito, pártelos por la mitad y cuécelos durante 5 minutos en una cazuela con agua y una pizca de sal. Filetea y guarda.

Corta en juliana las cebollas, los pimientos verdes y los dientes de ajo y dóralos con mucho aceite durante 10 minutos. Cuando estén medio dorados, añade los filetes de bonito y vierte un poco de vinagre. Cocina a fuego lento durante 2 minutos.

Corta los huevos cocidos en cuatro.

Coloca las hojas de lechuga en los extremos de la fuente, alrededor, las hojas de la endibia y en la mitad, los filetes de bonito. Pon sobre los filetes las verduras ya doradas. Adorna con los huevos troceados y por último, aliña con la salsa resultante de dorar las verduras.

Limpia y saca los lomos del bonito, pártelos por la mitad y cuécelos.

Añade los filetes de bonito a la verdura en juliana y vierte un poco de vinagre.

Coloca en la mitad los filetes de bonito.

Aliña con la salsa resultante de dorar las verduras.

Temporada

Verano

Bebida

Txakoli

CONSEJO DE KARLOS

Además de utilizar lechugas y escarolas, hay otras variedades en el mercado como la lollo, el berro, el diente de león, el canónigo o la rucula. No dudéis en utilizarlas para alegrar vuestra ensaladas.

lasaña de calabacín
con hortalizas

guiso de vainas con calamar

rollitos de verdura

pencas de acelga con tomate

crêpes de champiñones
y queso

panaché de verduras

alcachofas con crema de acelgas

berenjenas rellenas

patatas guisadas

verduras y hortalizas

tartaletas de verdura

habas con guisantes

espinacas con guisantes

espárragos rebozados con jamón

LASAÑA DE CALABACIN CON HORTALIZAS

Ingredientes

2 calabacines
2 zanahorias
8 espárragos blancos de lata
1 cebolleta
2 cucharadas de pan rallado
3-4 lonchas de queso de barra
1 pimiento morrón
aceite de oliva virgen

Para la veloute: 2 cuch. de harina, 4 cuch. de aceite de oliva virgen, 1/2 l. de caldo de verduras, sal, pimienta negra

Elaboración

Para la veloute pon 4 cucharadas de aceite en una cazuela, incorpora las 2 cucharadas de harina y tuéstala un poco. Vierte poco a poco el caldo, sin dejar de remover para evitar que se formen grumos. Salpimienta y deja cocer a fuego suave.

Retira la punta a los calabacines, córtalos en lonchas largas y finas. Pela y corta las zanahorias en bastoncitos. Pela y corta la cebolleta en juliana. Corta los espárragos por la mitad a lo largo.

Monta la lasaña en una fuente de horno, alternando capas de calabacín, zanahorias, calabacín, cebolla, calabacín, espárragos y calabacín. Cubre la lasaña con la veloute. Espolvorea con el pan rallado y cubre con el queso. Introduce en el horno a 200ºC durante media hora.

Limpia el pimiento, córtalo en tiras y fríelas en una sartén con aceite. A la hora de servir adorna el plato con las tiras de pimiento.

Vierte poco a poco el caldo, sin dejar de mezclar para evitar que se formen grumos.

Pela y corta las zanahoria en bastoncitos.

Cubre la lasaña con la veloute.

Limpia el pimiento, córtalo en tiras y fríelas en una sartén con aceite.

Temporada

Verano

Bebida

Rosado

CONSEJO DE KARLOS

Para elaborar este plato es muy apropiado tener un pelaverduras. Hay muchos tipos, pero el mas práctico es el de lama rotatoria que permite pelar ágilmente las verduras y cortarlas en láminas muy finas.

GUISO DE VAINAS CON CALAMAR

Ingredientes

300 gr. de vainas
700 gr. de calamares
2-3 patatas
1 cebolleta
1 tomate
2 dientes de ajo
1 vaso de vino blanco
agua
aceite de oliva virgen
sal

Elaboración

Pica la cebolleta finamente, el tomate en cuadraditos, los ajos laminados y rehoga todo brevemente en una cazuela con aceite. Sazona.

Limpia los calamares y trocéalos.

Limpia y corta las vainas. Pela las patatas y córtalas en trozos.

Incorpora los calamares, las vainas y las patatas a la cazuela de las verduras rehogadas. Vierte un vaso de vino blanco y cubre con agua. Pon a punto de sal, deja cocer durante 40-45 minutos y sirve.

Rehoga todo brevemente en una cazuela con aceite.

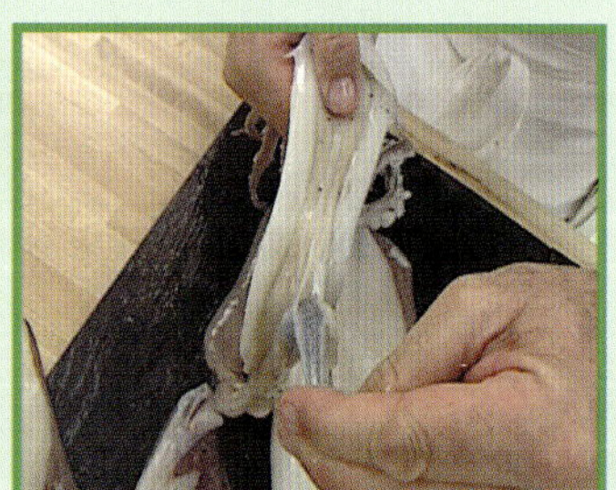

Limpia los calamares y trocéalos.

Incorpora los calamares, las vainas y las patatas a la cazuela de las verduras rehogadas.

Cubre con agua.

Temporada

Verano

Bebida

Blanco

CONSEJO DE KARLOS

Es importante que las vainas sean tiernas. Si a la hora de cortarlas, se ve que tienen hilo, lo mejor será utilizar un pelador para retirarlos.

ROLLITOS DE VERDURA

Ingredientes

4 obleas de pasta brick
6 espárragos verdes
16 ajos frescos
4 puerros finos
3 zanahorias
1/2 calabacín
200 gr. de vainas
2 patatas
agua
aceite de oliva virgen
sal

Elaboración

Limpia las vainas, pela las patatas. Trocea y pon todo a cocer en una cazuela con agua y sal. Cuece durante 15-20 minutos. Tritura con la batidora hasta conseguir una crema ligera.

Limpia las verduras (calabacín, espárragos, zanahorias, puerros, ajos). Deja los ajos enteros y corta el resto en bastoncitos.

Corta las obleas en tiras de 4-5 cm. Envuelve en cada tira 3 ó 4 bastoncitos de verduras. Fríelos en una sartén con aceite y escurre.

Para servir, pon en el fondo de la fuente la crema de vainas templada, coloca encima los rollitos y sazona.

Limpia las vainas, pela las patatas. Trocea y pon todo a cocer en una cazuela con agua y sal.

Corta las obleas en tiras de 4-5 cm. Envuelve en cada tira 3 ó 4 bastoncitos de verduras.

Fríelos en una sartén con aceite y escurre.

Para servir, pon en el fondo de la fuente la crema de vainas.

Temporada

Verano

Bebida

Blanco

CONSEJO DE KARLOS

A este plato puedes darle un toque de alta cocina utilizando sal de Maldon. La sal de maldon es una sal gruesa deliciosa. Es muy importante añadirla en el último momento para que no pierda su consistencia crujiente.

PENCAS DE ACELGA CON TOMATE

Ingredientes

6 acelgas
5 tomates
1 cebolla
2 pimientos verdes
4 patatas
2 dientes de ajo
1 puerro
1 huevo
harina, agua
aceite de oliva virgen
sal, azúcar
1 rama de perejil

Elaboración

Pica la cebollas, los pimientos verdes y los dientes de ajo y pon a pochar en una cazuela con aceite. Incorporar los tomates troceados. Añade una pizca de sal y otra de azucar y dejar cocinar durante 20-25 minutos. Cuando esté hecho, pasa por el pasa puré y reserva.

Pela las patatas, limpia el puerro y las acelgas. Coloca en la olla rápida con un poco de agua, 2 patatas troceadas, el puerro picado y la parte verde de las acelgas. Sazona.

Coloca encima la cesta de cocinar al vapor, pon las otras dos patatas cortadas en rodajas de 1 centímetro y las pencas de acelga cortadas en trozos de 6-7 centímetros. Tapa y deja cocer durante 5 minutos. Haz un puré con el verde de las acelgas, el puerro y 2 patatas.

Pasa las pencas por harina y huevo y fríelas. Para servir coloca en el fondo de la fuente las patatas cocidas cortadas en rodajas, cubre con la salsa de tomate y coloca encima las pencas rebozadas. Acompaña con el puré. Adorna con una rama de perejil.

Incorporar los tomates troceados.

Haz un puré con el verde de las acelgas, el puerro y 2 patatas.

Pasa las pencas por harina y huevo y fríelas.

Para servir coloca las patatas cocidas cortadas en rodajas, cubre con la salsa de tomate.

Temporada

Verano

Bebida

Rosado

CONSEJO DE KARLOS

Las acelgas al igual que los cardos son auténticas esponjas de sal, por lo que a la hora de sazonarlas hay que tener mucho cuidado y no pasarse.

CREPES DE CHAMPIÑONES Y QUESO

Ingredientes

400 gr. de champiñones
8 lonchas de queso
3 dientes de ajo
400 ml. de leche
200 gr. de harina
2 huevos
aceite de oliva virgen
sal, perejil

Para la salsa: 400 ml. nata, 400 ml. de caldo, 50 gr. de queso rallado

Elaboración

Mezcla en una cazuela la nata, el caldo y el queso rallado. Reduce a fuego lento durante 20 minutos.

Pela los ajos, córtalos en láminas y dóralos en una sartén con un poco de aceite. Añade los champiñones limpios y fileteados y deja pochar.

Pon en una jarra la leche, la harina, los huevos, un chorrito de aceite, una pizca de sal y un poco de perejil picado. Tritura con una batidora hasta que quede todo bien mezclado. Calienta bien la sartén, vierte un poco de masa, espárcela bien por el fondo, cuando empiece a hacer burbujas, dale la vuelta para que se haga por los dos lados. Continúa de esta manera hasta terminar toda la masa.

Rellena los crepes, colocando sobre cada uno un poco de champiñones y una rodaja de queso. Dóblalos en cuatro y fríelos en una sartén con 4-5 cucharadas de aceite, hasta que se doren (aproximadamente 1 minuto por cada lado). Sirve los crepes en una fuente y vierte un poco de salsa a los lados de los crepes. Adorna con unas ramitas de perejil.

Añade los champiñones limpios y fileteados y deja pochar.

Tritura con una batidora hasta que quede todo bien mezclado.

Rellena los crepes, colocando sobre cada uno un poco de champiñones y una rodaja de queso.

Dóblalos en cuatro y fríelos en una sartén con 4-5 cucharadas de aceite.

Temporada

Otoño

Bebida

Tinto crianza

Consejo de Karlos

Los crepes pueden ser dulces o salados, según los utilicemos como entremés o como postre. Sus rellenos son múltiples dependiendo de la zona donde se preparen. En cuanto a su forma, pueden presentarse en tubo, en forma triangular, en media circunferencia o en una circunferencia entera.

PANACHE DE VERDURAS

Ingredientes

250 gr. de judías
4 puerros pequeños
1 calabacín
4 zanahorias
8 ramilletes de coliflor
8 ramilletes de brécol
4 espárragos verdes
12 coles de bruselas
2-3 patatas
2 cucharadas de mostaza antigua
agua
aceite de oliva virgen
sal

Elaboración

Limpia bien las verduras. Pica las judías verdes y córtalas en juliana, pela las zanahorias, corta los puerros en trozos de 5 centímetros (desechando la parte verde), retira las puntas del calabacín y córtalo en 8 trozos. Pon agua en la olla rápida, sazona y añade las verduras.

Coloca la cesta para cocer al vapor. Pela las patatas y trocea en lonchas gruesas, pela los espárragos y córtales un trozo del tallo, coloca los ramilletes de brécol, los ramilletes de coliflor, las coles de bruselas y pon todo en la cesta de la vaporera.

Cierra la tapa y deja cocer durante 5 minutos. Coloca todas las verduras en una fuente.

Prepara el aliño, mezclando en un bol 2 cucharadas de mostaza y 6 cucharadas de aceite. Riega las verduras.

Pica las judías verdes y córtalas en juliana.

Coloca la cesta para cocer al vapor.

Cierra la tapa y deja cocer durante 5 minutos.

Prepara el aliño y riega las verduras.

Temporada

Otoño

Bebida

Sidra

CONSEJO DE KARLOS

La Mostaza Antigua está elaborada al estilo de las primeras mostazas. Sus semillas enteras logran una apariencia atractiva y una textura muy especial. Es ideal para verduras y carnes blancas.

ALCACHOFAS CON CREMA DE ACELGAS

Ingredientes

8 alcachofas
1/2 kg. de acelgas
2 patatas
1 limón
2 huevos
2 dientes de ajo
harina
agua
aceite de oliva virgen
sal

Elaboración

Limpia las alcachofas (retirando las hojas duras) y úntalas con limón. Cuécelas durante 30-40 minutos en una cazuela grande con agua, sal, zumo de limón y un poco de harina.

Limpia bien las acelgas y córtalas. Pela las patatas y trocéalas. Ponlas a cocer durante 15 minutos en una cazuela con agua, sal y un poco de aceite. A continuación, haz la crema con la batidora.

Parte las alcachofas en mitades, rebózalas en harina y huevo. Fríelas en una sartén con 2 dientes de ajo y aceite.

Cubre con la crema de acelgas el fondo de una fuente y coloca las alcachofas encima.

Limpia las alcachofas y úntalas con limón.

Limpia bien las acelgas y córtalas. Pela las patatas y trocéalas.

Parte las alcachofas en mitades, rebózalas en harina y huevo. Fríelas.

Cubre con la crema de acelgas el fondo de una fuente y coloca las alcachofas.

Temporada

Invierno

Bebida

Sidra

CONSEJO DE KARLOS

A la hora de cocer las alcachofas es importante añadir un chorro de limón para que no se ennegrezcan. Respecto al tiempo de cocción de las alcachofas, este variará en función del tamaño y de la frescura de las mismas. Para ello lo mejor es pinchar el corazón con la punta de un cuchillo. Si la hoja se hunde sin resistencia, la alcachofa está cocida.

BERENJENAS RELLENAS

Ingredientes

2 berenjenas
200 gr. de carne de ternera picada
1 tomate
1 pimiento verde
1/2 cebolla
2 dientes de ajo
1 vaso de salsa de tomate
1 vaso de leche
2 cucharadas de harina
aceite de oliva virgen
sal
pimienta

Elaboración

Parte las berenjenas a lo largo, en dos trozos. Haz unos cortes en la parte superior, sazona, riega con aceite y mételas durante 15 minutos en el horno a 200ºC. Cuando estén hechas, vacía los interiores con una cuchara y reserva.

Haz la bechamel en una cazuela pequeña con 3 cucharadas de aceite, añade la harina mezclando bien. Pon un poco de pimienta e incorpora la leche poco a poco sin dejar de remover.

Pica la cebolla, el pimiento verde y los 2 dientes de ajo y échalos en una sartén con un poco de aceite. Sazona. Cuando las verduras estén hechas, añade la carne de ternera picada y dórala. Echa la carne de berenjena picada, un poco de bechamel y mezcla bien. Rellena las berenjenas con esta mezcla. Parte en 4 rodajas un tomate y colócalas sobre cada berenjena.

Cubre todo con la bechamel y gratina durante 2 minutos en el horno a 200ºC. Retíralas del horno y con una espátula coloca las berenjenas en una fuente y adorna con perejil.

Parte las berenjenas a lo largo, en dos trozos. Haz unos cortes en la parte superior.

Haz la bechamel en una cazuela pequeña.

Cuando las verduras estén hechas, añade la carne de ternera picada y dórala.

Rellena las berenjenas con esta mezcla.

Temporada

Otoño

Bebida

Tinto crianza

CONSEJO DE KARLOS

Para que no salgan grumos en la bechamel es importante no incorporar toda la leche de golpe. Cuando la grasa y la harina formen una masa homogénea, conviene retirar el recipiente del fuego, esperar a que la temperatura baje un poco y añadir un chorrito de leche caliente. Seguir batiendo hasta conseguir una masa homogénea. Añadir poco a poco la leche sin dejar de batir hasta conseguir la consistencia deseada.

PATATAS GUISADAS

Ingredientes

4 patatas
400 gr. de chorizo
1 cebolla
1 pimiento verde
pimiento choricero
1 diente de ajo
1 hoja de laurel
un poco de azafrán
agua
aceite de oliva virgen
sal

Elaboración

Deja el pimiento choricero en agua templada durante 20 minutos. Quita la carne con un cuchillo, tritura y reserva.

Pica la cebolla y el pimiento verde. Rehógalos en una cazuela con aceite. Trocea el chorizo y agrégalo. Sazona y añade la carne del pimiento choricero.

Pela y trocea las patatas (que hagan "clac") e incorpóralas. Machaca el laurel, el ajo y el azafrán en el mortero y añádelos a la cazuela.

Cubre todo con agua y sazona. Deja cocer a fuego lento durante 25 minutos. Sírvelo en una fuente.

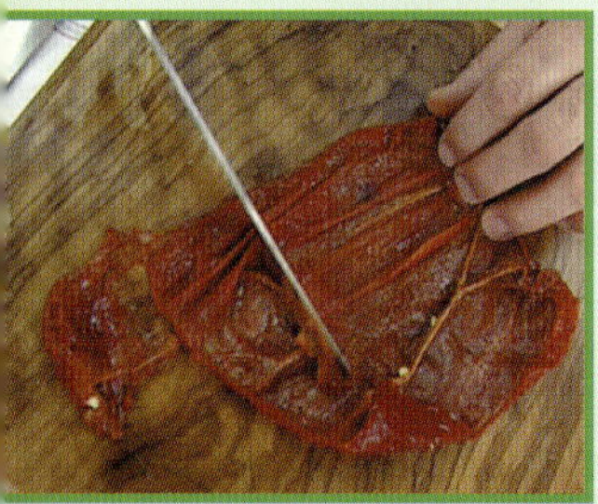

Quita la carne con un cuchillo, tritura y reserva.

Pica la cebolla y el pimiento verde. Rehógalos en una cazuela con aceite.

Pela y trocea las patatas e incorpóralas.

Machaca el laurel, el ajo y el azafrán en el mortero y añádelos a la cazuela.

Temporada

Invierno

Bebida

Tinto joven

CONSEJO DE KARLOS

Para facilitar el trabajo, en el mercado se pueden encontrar botes con carne de pimiento choricero listo para usar.

TARTALETAS DE VERDURA

Ingredientes

4 tartaletas de hojaldre
1 coliflor pequeña
1 puerro
1 zanahoria
4 vainas
1 calabacín
3 dientes de ajo
1 cucharada de mantequilla
1 cucharada de harina
1 vaso de leche
salsa de tomate
agua
aceite de oliva virgen
sal, perejil

Elaboración

Trocea la coliflor, el puerro, la zanahoria, las vainas y los dientes de ajo. Cuece todo durante 15 minutos en una vaporera con agua, un poco de sal y una rama de perejil. Escurre las verduras y reserva.

Para la bechamel, calienta la mantequilla en una sartén o cazuela, añade la harina mezclando bien e incorpora la leche poco a poco sin dejar de remover. Agrega un poco de salsa de tomate para darle color.

Rellena las tartaletas con la verdura. Cubre con la bechamel y hornea 2 minutos a 200ºC. Corta el calabacín en rodajas y fríelas.

Sirve cada tartaleta en la mitad de un plato y decora con las rodajas de calabacín.

Cuece todo durante 15 minutos en una vaporera con agua.

Agrega un poco de salsa de tomate a la bechamel.

Rellena las tartaletas con la verdura. Cubre con la bechamel.

Sirve cada tartaleta en la mitad de un plato y decora con las rodajas de calabacín.

Temporada

Otoño

Bebida

Blanco aguja

CONSEJO DE KARLOS

Cada vez está más clara la importancia que tienen las frutas y verduras para la salud. Este plato, repleto de verduras y por cierto muy vistoso, puede ser muy apropiado para acostumbrar a los "peques" a consumir este tipo de alimentos.

HABAS CON GUISANTES

Ingredientes

1 kg. de guisantes
500 gr. de habas
8 espárragos
1 cebolla
harina
aceite de oliva virgen
sal

Elaboración

Cuece los guisantes con agua, sal y unas gotitas de aceite durante 20 minutos. En otra cazuela, cuece las habas de la misma manera. Quita la espuma que se genera durante la cocción. Una vez cocidas, escúrrelas y resérvalas (el agua también).

Pica y dora la cebolla en una tartera con 3 cucharadas de aceite. Sazona, añade 1 cucharada de harina, un poco del agua de las habas y de los guisantes y mezcla bien. Agrega las habas y los guisantes a la tartera, moviendo bien para que quede bien ligado.

Limpia y pela los espárragos. Fríelos en una sartén con un poco de aceite.

Sirve los guisantes y las habas en una fuente y decora con los espárragos.

Cuece los guisantes. En otra cazuela cuece las habas.

Agrega las habas y los guisantes a la tartera.

Limpia y pela los espárragos. Fríelos en una sartén con un poco de aceite.

Sirve los guisantes y las habas en una fuente y decora con los espárragos.

Temporada

Primavera

Bebida

Tinto jóven

CONSEJO DE KARLOS

Las manchas negras que dejan las habas o las alcachofas en la ropa, se eliminan efectivamente con zumo de limón; se aplicará, directamente, sobre la zona afectada para luego lavarla normalmente.

ESPINACAS CON GUISANTES

Ingredientes

600 gr. de espinacas
300 gr. de guisantes
100 gr. de bacon
1 cebolla
2 dientes de ajo
medio pimiento morrón
1 vaso de leche
2 cucharadas de harina
agua
aceite de oliva virgen
sal
perejil

Elaboración

Cuece los guisantes durante 15 minutos en una cazuela con agua y una pizca de sal. Escurre y resérvalos. Limpia las espinacas y cuécelas en una vaporera durante 15 minutos con agua y sal. Cuando estén hechas, resérvalas.

Pica finamente la cebolla y los ajos. Sazona y díralos en una sartén con aceite. Pica el bacon e incorpóralo a la sartén. Cuando esté dorado, añade los guisantes y mezcla.

En una cazuela pequeña calienta aceite. Corta el pimiento morrón en tiras y fríelas. Mezcla la harina y vierte la leche poco a poco mezclando bien. Sazona y deja hervir durante unos minutos sin dejar de revolver.

Pon en el fondo de un recipiente de horno las hojas de espinacas. Coloca los guisantes encima, cubre todo con la bechamel y gratina en el horno a 200ºC durante 3 minutos. Saca del horno y adorna con perejil.

Limpia las espinacas y cuécelas en una vaporera.

Pica el bacon e incorpóralo a la sartén.

Mezcla la harina y vierte la leche poco a poco mezclando bien.

Cubre todo con la bechamel y gratina en el horno

Temporada

Primavera

Bebida

Cava

Consejo de Karlos

Para cocer las espinacas no hace falta añadir agua. Basta con cocerlas a fuego lento con la cacerola sin tapar y con el agua que se queda adherida a las hojas cuando se lavan. Durante la cocción merman mucho, por lo que conviene removerlas de vez en cuando, para que el calor se reparta por todas las hojas.

ESPARRAGOS REBOZADOS CON JAMON

Ingredientes

12 espárragos
12 lonchas de jamón curado
2 puerros
1 cebolla
1 tomate
1/2 vaso de vino blanco
harina
2 huevos
azúcar
aceite de oliva virgen
sal
perejil picado

Elaboración

Corta la parte inferior de los espárragos (3-4 cms), pélalos con un pelaverduras y ponlos a cocer con agua, sal y un poco de azúcar. Aproximadamente en 15 minutos estarán en su punto. Escúrrelos y reserva un poco del agua.

Corta los espárragos por la mitad, haz lo mismo con las lonchas de jamón y envuélvelos con el jamón. Rebózalos (harina y huevo) y fríelos en aceite bien caliente y resérvalos.

Retira un poco de aceite de la sartén. Pela y pica la cebolla y el tomate y ponlos a pochar. Sazona y deja que se doren. Añade un poco de harina y mezcla bien. Vierte el vino y el caldo de los espárragos. Lígalo, prueba de sal e incorpora los espárragos rebozados.

Limpia los puerros, corta la parte blanca en juliana fina y fríelos en una sartén. Sirve en una fuente y decora con los puerros.

Corta la parte inferior de los espárragos, pélalos con un pelaverduras y ponlos a cocer

Corta los espárragos, envuélvelos con el jamón y rebózalos.

Pela y pica la cebolla y el tomate y ponlos a pochar.

Limpia los puerros, corta la parte blanca en juliana fina y fríelos.

Temporada

Primavera

Bebida

Blanco aguja

CONSEJO DE KARLOS

El puerro además de ser un ingrediente indispensable en la cocina, sirve para combatir la tos y los resfriados. Para ello solo tienes que beber el agua resultante de cocer unos puerros.

arroz con brocheta
de pollo y lomo

tomates rellenos

arroz con mejillones

arroz con garbanzos

verdel con arroz negro

arroz con codornices y caracoles

arroz integral con verduras

arroces

ARROZ CON BROCHETA DE POLLO Y LOMO

Ingredientes

300 gr. de arroz
250 gr. de judías verdes
2 zanahorias, 12 ajos frescos
2 dientes de ajo
250 gr. de lomo adobado
250 gr. de pechuga de pollo
2 pimientos
4 cebolletas pequeñas
8 puntas de espárragos verdes
aceite de oliva virgen, sal

Para el caldo: 2 zanahorias, 2 cebolletas, 150 gr. de judías verdes, agua, sal, 1 rama de perejil

Elaboración

Prepara un caldo de verduras con el perejil, las zanahorias, las judías y las cebolletas. Sazona y deja cocer durante unos 10 minutos.

Limpia el resto de las verduras y corta las judías verdes, las zanahorias y los ajos frescos en cuadraditos pequeños. Filetea el ajo en láminas. Pon aceite a calentar en una cazuela baja y añade las verduritas. Rehoga brevemente. Sazona e incorpora el arroz. Mézclalo bien con las verduras y añade el agua. Por cada parte de arroz añade dos de agua y un poco mas. En 20 minutos estará listo.

Mientras tanto monta las brochetas, colocando en cada palito un trozo de lomo, una cebollita, un trozo de pollo y uno de pimiento. Fríelas en una sartén con aceite. Retíralas y fríe los espárragos verdes.

Para servir coloca en una fuente el arroz, y encima las brochetas y los espárragos.

Prepara un caldo de verduras.

Rehoga las verduras. Sazona e incorpora el arroz.

Monta las brochetas.

Para servir coloca en una fuente el arroz, y encima las brochetas y los espárragos.

Temporada

Verano

Bebida

Cava

CONSEJO DE KARLOS

Para preparar un buen arroz hay que tener un buen caldo. Para ello hay que cocer muy lentamente en agua algunos alimentos como carnes, pescados o vegetales acompañados de huesos o espinas.

TOMATES RELLENOS

Ingredientes

4 tomates
200 gr. de atún en aceite
2 cucharadas de arroz
2 ajos
2 cebolletas
1 cebolla
1 cucharada de harina
1 vaso de leche
aceite de oliva virgen
sal
pimienta negra

Elaboración

Cuece el arroz en abundante agua sazonada con sal. Escurre, enfría con agua fresca y reserva.

Corta los tomates por la parte superior, vacíalos con una cucharita, pica la carne y resérvala. Pica finamente las cebolletas y los dientes de ajo. Saltéalos en una sartén. Agrega la carne del tomate, el atún desmigado y el arroz. Sazona y cocina un poco para que se evapore el liquido y quede un relleno compacto.

Para hacer la bechamel pon 3 cucharadas de aceite en una cazuela, añade la harina, cocina un poco para que pierda el sabor a crudo y vierte la leche poco a poco mezclando bien. Salpimienta.

Rellena los tomates con la farsa, cúbrelos con la bechamel e introdúcelos en el horno a 200ºC durante 20 minutos. Corta la cebolla en aros, pásalos por harina y fríelos. Sirve los tomates con los aros de cebolla.

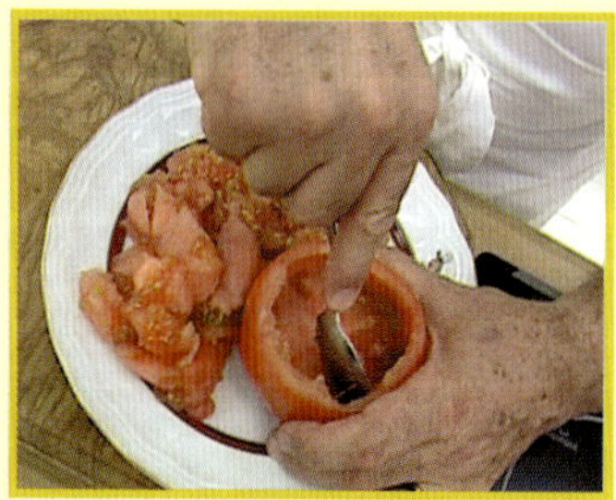

Corta los tomates por la parte superior, vacíalos con una cucharita.

Pica finamente las cebolletas y los dientes de ajo. Saltéalos en una sartén. Agrega la carne del tomate.

Agrega el atún desmigado y el arroz.

Rellena los tomates con la farsa.

Temporada

Verano

Bebida

Rosado

Consejo de Karlos

El tomate es una de las hortalizas más utilizadas en el mundo y está presente en cantidades de platos, tanto crudo como cocinado. Esta receta combina dos cosas muy importantes: sabor y rapidez.

ARROZ CON MEJILLONES

Ingredientes

24 mejillones
300 gr. de arroz
1 pimiento verde
1 cebolleta
1 puerro
1 tomate
2 dientes de ajo
caldo de pescado
agua
aceite de oliva virgen
sal
perejil

Elaboración

Limpia los mejillones retirando bien las barbas. Ponlos a cocer en una cazuela con un poco de agua y una pizca de sal, hasta que se abran. Reserva los mejillones y el caldo resultante.

Pon aceite en una tartera, añade el pimiento, la cebolleta, el puerro, los dientes de ajo, el tomate picados finamente y sazona. Rehoga hasta que se doren bien las verduras.

Agrega el arroz, la mitad de los mejillones sin cáscara, el caldo de cocer los mejillones y un poco de caldo de pescado. En caso de no tener caldo, se puede añadir agua. Sazona de nuevo y cocínalo durante 15-18 minutos. Remueve de vez en cuando para que el caldo espese.

Cuando esté a punto, decora la superficie de la tartera con el resto de los mejillones. Coloca en el centro una ramita de perejil.

Limpia los mejillones retirando bien las barbas.

Pon aceite en una tartera, añade el pimiento, la cebolleta, el puerro, los ajos y el tomate picado.

Agrega el arroz.

Cuando esté a punto, decora la superficie de la tartera con el resto de los mejillones.

Temporada

Otoño

Bebida

Cava

CONSEJO DE KARLOS

El arroz, es la base de la economía de muchos países orientales, y es un verdadero comodín de la cocina cotidiana en occidente, el arroz constituye la base de la alimentación de más de la mitad de los habitantes del planeta.

ARROZ CON GARBANZOS

Ingredientes

350 gr. de arroz
150 gr. de garbanzos
2 patatas
3 tomates
1 cabeza de ajo
pimentón dulce
agua
aceite de oliva virgen
sal
perejil

Elaboración

Pon los garbanzos a remojo el día anterior. Cuécelos en una cazuela con agua, una pizca de sal y un poco de perejil. Escurre y reserva el agua de la cocción.

Pon un poco de aceite en una tartera y sofríe la cabeza de ajos entera (sin pelar). Pela un tomate, pícalo y añádelo a la cazuela. Pela las patatas, córtalas en rodajas de 1 centímetro de grosor y échalas a la cazuela.

Añade el arroz, el pimentón y los garbanzos. Cubre todo con el caldo de los garbanzos. Parte los otros dos tomates en cuatro trozos y ponlos encima.

Mete la cazuela en el horno a 180ºC durante 20 minutos.
Retira y adorna con perejil.

Cuece los garbanzos en una cazuela con agua, una pizca de sal y un poco de perejil.

Pela las patatas, córtalas en rodajas de 1 centímetro de grosor y échalas a la cazuela.

Añade el arroz, el pimentón y los garbanzos.

Parte los otros dos tomates en cuatro trozos y ponlos encima.

Temporada

Invierno

Bebida

Tinto crianza

Consejo de Karlos

Al cocer los garbanzos conviene introducirlos en una redecilla. De esta forma quedarán enteros y no se despellejarán.

VERDEL CON ARROZ NEGRO

Ingredientes

300 gr. de arroz
4 verdeles
1 cebolla
1 tomate
2 zanahorias
tinta de chipirón
1 diente de ajo
1 guindilla
agua
aceite de oliva virgen
sal
perejil picado

Elaboración

Pica finamente la cebolla, el tomate y las zanahorias. Dora todo en una sartén con aceite y sal. A continuación añade el arroz y cubre con agua. Echa sal.

Diluye bien la tinta de chipirón con un poco de agua y echa al arroz. Cocina el arroz en 20 minutos. Deja reposar.

Pon en la placa del horno 4 verdeles con sal y aceite a 180ºC durante 20 minutos. Cuando estén hechos, sácalos, ábrelos y quítales la cabeza y la espina central. Prepara un sofrito con ajo y guindilla y viértelo sobre el verdel.

Unta un molde con aceite. Coloca en el fondo una ramita de perejil y rellénalo con el arroz negro. Desmóldalo y coloca al lado los filetes de verdel.

Dora todo en una sartén con aceite y sal. A continuación añade el arroz.

Diluye bien la tinta de chipirón con un poco de agua y echa al arroz.

Pon en la placa del horno 4 verdeles con sal y aceite a 180ºC durante 20 minutos.

Unta un molde con aceite. Coloca en el fondo una ramita de perejil y rellénalo con el arroz negro.

Temporada

Primavera

Bebida

Blanco afrutado

Consejo de Karlos

El verdel o caballa es una especie propia de aguas templadas o más bien frías.La inmensa mayoría de las capturas tienen lugar entre marzo y abril. El verdel, como materia prima, empieza a ser más apreciado, tanto para consumo en fresco o congelado, para conserva y muy recientemente para la fabricación de nuevos productos alimenticios de gran valor añadido como el caviar de verdel.

ARROZ CON CODORNICES Y CARACOLES

Ingredientes

1 pimiento verde
1 cebolla, 1 tomate
1 tarro de caracoles
2 codornices
250 gr. de arroz
3/4 l. de caldo de ave
aceite de oliva virgen
sal

Para el all i oli: 4 dientes de ajo, aceite de oliva virgen

Elaboración

Pon a pochar en una paellera, la cebolla, el pimiento y el tomate bien picados y sazona.

Cuando esté dorado, incorpora las codornices cortadas por la mitad y rehoga brevemente. Añade el arroz, mezcla bien y vierte el caldo (2 partes de agua por cada parte de arroz y un poco más). Cuando comience a hervir echa los caracoles e introduce en el horno a 180ºC-190ºC. En 18 minutos estará a punto para servir.

Para el all i oli, pela los ajos, y córtalos en láminas finas. Colócalos en el mortero y machaca bien. Incorpora el aceite poco a poco (sin dejar de machacar) hasta que espese.

Presenta en la mesa en la misma paellera y acompaña de la salsa all i oli.

Pon a pochar en una paellera, la cebolla, el pimiento y el tomate bien picados.

Incorpora las codornices cortadas por la mitad y rehoga brevemente. Añade el arroz.

Cuando comience a hervir echa los caracoles.

Presenta en la mesa en la misma paellera y acompaña de la salsa all i oli.

Temporada

Otoño

Bebida

Tinto reserva

Consejo de Karlos

El arroz absorbe con facilidad el sabor de los alimentos que se guisan con él. Esta receta, con verduras, codornices y caracoles es perfecta, tanto por el color, el sabor y los valores nutritivos que le aportan, consiguiendo así un completo y exquisito plato único.

ARROZ INTEGRAL CON VERDURAS

Ingredientes

300 gr. de arroz integral
100 gr. de vainas
50 gr. de espinacas
2 zanahorias
1 tomate
1 puerro
2 dientes de ajo
1 litro de agua o caldo de verdura
aceite de oliva virgen
sal
1 limón para decorar

Elaboración

Pica las vainas, las zanahorias y los dientes de ajo y dora en una tartera con un poco de aceite. Quita la piel al tomate, pica y échalo a la sartén. Añade una pizca de sal y dora todo durante 20 minutos. Limpia las espinacas, retira los tallos, córtalas en juliana y añádelas a las demás verduras. Incorpora el arroz y mezcla todo.

Mide el caldo (el doble y un poco más que de arroz) y vierte al arroz. Sazona y, primeramente, deja a fuego suave durante 10-15 minutos y, a continuación, mete al horno a 180ºC durante 30-35 minutos.

Pica el puerro fínamente en juliana y dóralo en una sartén con un poco de aceite.

Cuando el arroz esté hecho, retíralo del horno. Coloca en la mitad de la tartera una rodaja de limón y, sobre éste, el puerro frito.

Pica las vainas, las zanahorias y los dientes de ajo y dora en una tartera con un poco de aceite.

Incorpora el arroz y mezcla todo.

Pica el puerro fínamente en juliana y dóralo en una sartén con un poco de aceite.

Coloca en la mitad de la tartera una rodaja de limón y, sobre éste, el puerro frito.

Temporada

Otoño

Bebida

Tinto joven

CONSEJO DE KARLOS

El arroz integral es el grano entero al que se le ha quitado la vaina exterior, es más nutritivo y más sabroso que el arroz blanco convencional. Recuerda que al arroz integral le lleva más tiempo cocerse, aproximadamente unos 45 minutos.

fideuá marinera

hojaldre con revuelto de anchoas

calamares con fideos chinos

macarrones gratinados

pasta fresca fácil

canelones de verdel

cazuela de anchoas y fideos

pasta picantita

pastas

FIDEUA MARINERA

Ingredientes

250 gr. de fideos gruesos
1 rape pequeño
250 gr. de gambas
400 gr. de almejas
1 cebolleta
1 diente de ajo
verduras para el caldo (zanahoria, ajos, verde de cebolleta o puerro)
perejil picado
agua
aceite de oliva virgen
sal

Elaboración

Limpia las gambas y el rape. Para preparar un caldo, pon a cocer las cabezas y espinas en la olla rápida con litro y medio de agua (aproximadamente), añade las verduras (zanahoria, ajos y el verde de las cebolletas). Sazona. Cierra la olla y en 5 minutos estará listo.

Pica la cebolleta y el ajo y ponlos a rehogar en una cazuela con aceite. Cuando esté pochado añade el fideo y mezcla bien.

Incorpora el rape limpio, rehoga brevemente, vierte el caldo (dos partes por cada parte de fideo), añade las gambas y las almejas.

Sazona y deja cocer hasta que se evapore el caldo y los fideos estén a punto. Espolvorea con perejil picado y sirve.

Preparar un caldo.

Pocha la cebolleta y el ajo. Cuando esté listo añade el fideo y mezcla bien.

Incorpora el rape limpio, rehoga brevemente, vierte el caldo, añade las gambas y las almejas.

Sazona y deja cocer hasta que se evapore el caldo y los fideos estén a punto.

Temporada

Verano

Bebida

Cava

CONSEJO DE KARLOS

La fideua es un plato típico de la costa de Levante, en la que los fideos sustituyen al arroz. Sin duda porque unos pescadores se quedaron sin arroz y en las costas de Italia compraron la pasta. Hicieron una paella sustituyendo el arroz y así nació la "fideuá", hoy tan de moda.

HOJALDRE CON REVUELTO DE ANCHOAS

Ingredientes

1 lámina de hojaldre
12 anchoas, 6 huevos
3 nécoras, 2 cebolletas
1 tomate
1 pimiento verde
3 ajos
harina de maíz refinada
1 copa de brandy
agua
aceite de oliva virgen
sal
perejil

Elaboración

Corta el hojaldre en 4 trozos y hornea según las instrucciones del fabricante.

Coloca un poco de aceite en el fondo de la olla rápida, trocea el tomate, una cebolleta, un ajo y las nécoras, e incorpóralos. Rehoga brevemente. Añade la copa de brandy y préndelo. Deja que se evapore un poco el alcohol, añade un poco de agua, cierra con la tapa y deja cocer durante 10 minutos. Tritura con una batidora y pasa la salsa por un chino. Diluye un poco de harina de maíz refinada en agua e incorpórala. Deja cocer un poco para que espese.

Corta el pimiento y la otra cebolleta en juliana y los otros 2 ajos en láminas y pon a pochar en una sartén con aceite. Cuando esté pochado, añade las anchoas limpias, fileteadas y troceadas. Saltea brevemente. Bate los huevos, sazona y espolvorea con perejil picado. Añádelos a las anchoas y prepara un revuelto.

Para servir coloca en el fondo de cada plato un poco de salsa, abre los hojaldres y rellena con el revuelto. Decora con una rama de perejil.

Rehoga brevemente. Añade la copa de brandy y préndelo.

Tritura con una batidora y pasa la salsa por un chino.

Añade los huevos a las anchoas y prepara un revuelto.

Para servir coloca en el fondo de cada plato un poco de salsa.

Temporada

Primavera

Bebida

Rosado

CONSEJO DE KARLOS

Los restos de hojaldre nunca se tiran, cortados en forma de bastoncitos y luego retorcidos sobre si mismos, fritos, espolvoreados con queso rallado o untados con salsa de tomate muy concentrada, constituyen deliciosas pastas saladas para tomar como aperitivo.

CALAMARES CON FIDEO CHINO

Ingredientes

12 calamares
4 ajos
harina
100 gr. de fideo chino
6 ramas de cebollino
aceite de oliva virgen
vinagre de Módena
sal
perejil

Elaboración

Limpia bien los calamares y rellénalos con sus tentáculos y aletas. Sazónalos, pásalos por harina y fríelos junto con los dientes de ajo en una una sartén con aceite.

Corta los fideos en tiras de 8 centímetros y distribúyelos en 4 montoncitos. Ata cada montón con una rama de cebollino. Fríelos en una sartén con abundante aceite.

Sirve los calamares alrededor de la fuente y en el centro los fideos.

Mezcla en un bol un poco de aceite con 2 cucharadas de vinagre de Módena y aliña los calamares. Adorna con una rama de perejil.

Limpia bien los calamares y rellénalos con sus tentáculos y aletas.

Ata cada montón con una rama de cebollino. Fríelos en una sartén.

Sirve los calamares alrededor de la fuente.

Mezcla en un bol un poco de aceite con 2 cucharadas de vinagre de Módena y aliña los calamares.

Temporada

Verano

Bebida

Blanco afrutado

Consejo de Karlos

El vinagre de Módena es dulce y oscuro. Es perfecto para aliñar ensaladas e incluso para cocinar. Añadido en el último momento dará un toque especial a muchos platos.

MACARRONES GRATINADOS

Ingredientes

250 gr. de macarrones
5 tomates, 1 cebolla
1 pimiento verde
2 ajos
1 pizca de azúcar
100 gr. de jamón
100 gr. de chorizo
1/2 calabacín
100 gr. de queso rallado
aceite de oliva virgen
agua
sal

Elaboración

Cuece los macarrones en abundante agua con sal. Refréscalos con agua, escúrrelos y reserva.

Pica la cebolla, los dientes de ajo y el pimiento verde. Rehoga brevemente en una cazuela con aceite. Trocea los tomates e incorpóralos, sazona y añade una pizca de azúcar. Deja cocer durante 20 minutos. Pasa por el pasa purés y reserva.

Corta el calabacín, el jamón y el chorizo en cuadraditos. En una sartén con aceite pocha el calabacín, cuando esté dorado, incorpora el chorizo y el jamón. Añade los macarrones y saltea. Agrega la salsa de tomate.

Coloca los macarrones en una fuente, espolvorea con el queso y gratina en el horno 3-5 minutos. Sirve calentitos.

Cuece los macarrones en abundante agua con sal.

Rehoga las verduras, deja cocer 20 minutos y pasa por el pasa purés.

Corta el calabacín, el jamón y el chorizo en cuadraditos.

Agrega la salsa de tomate a los macarrones salteados.

Temporada

Otoño

Bebida

Tinto joven

Consejo de Karlos

La pasta es uno de los alimentos preferidos de los niños. Podéis acompañarlos de una gran variedad de alimentos: pescado, hortalizas y carne. De esta forma poco a poco irán aprendiendo a comer de todo.

PASTA FRESCA FACIL

Ingredientes

300 gr. de harina
3 huevos
100 gr. de jamón serrano
100 gr. de tocineta
2 dientes de ajo
1-2 guindillas picantes
agua
aceite de oliva virgen
sal
perejil

Elaboración

Mezcla en un bol la harina, los huevos, una pizca de sal y 2 cucharaditas de aceite. Amasa con las manos hasta conseguir una masa homogénea. Si queda pegajosa, añade un poco de harina hasta conseguir la consistencia deseada.

Déjala reposar durante una hora. Corta trozos pequeños, redondéalos y estíralos con la máquina hasta que quede muy fina. Seguidamente pásala por el cortador de tallarines. Extiende los tallarines y déjalos secar durante 15-30 minutos.

Pon a hervir abundante agua en una cazuela grande, sazónala, vierte 1 cucharada de aceite y cuece durante 2 minutos. Escúrrela y refréscala con agua fría.

Filetea los ajos y dóralos en una sartén con un poco de aceite. Añade la guindilla, el jamón y la tocineta cortados en cuadraditos. Fríe todo e incorpora los tallarines. Saltea brevemente y espolvorea con perejil picado.

Pasa la masa por el cortador de tallarines.

Cuece la pasta durante 2 minutos.

Dora los ajos en una sartén. Añade la guindilla, el jamón y la tocineta cortados en cuadraditos.

Fríe todo e incorpora los tallarines.

Temporada

Invierno

Bebida

Tinto joven

CONSEJO DE KARLOS

Aunque no tengáis la máquina para cortar tallarines, se pueden hacer a mano. Se estira bien la masa con un rodillo, se espolvorea con harina para que no se pegue, se enrolla sobre sí misma y se cortan tiras finas con un cuchillo. Se desenroscan, se extienden bien y se ponen a secar.

CANELONES DE VERDEL

Ingredientes

12 canelones
450 gr. de verdel
1 cebolla
1 tomate
1 pimiento verde
1 diente de ajo
salsa de tomate
2 cucharadas de harina
1 vaso de leche
queso rallado
aceite de oliva virgen
sal

Elaboración

Cuece los canelones durante 8-10 minutos en agua con sal y aceite. A continuación, pásalos por agua fría. Limpia el verdel y quítale las espinas. Corta por la mitad los filetes limpios. Quítales la piel y trocea.

Pica finamente la cebolla, el tomate, el pimiento verde y el diente de ajo. Dora todo en una sartén durante 2-3 minutos. Cuando las verduras estén hechas, pon encima los trozos de verdel y deja a fuego lento un par de minutos.

Para hacer la bechamel pon 3 cucharadas de aceite en una cazuela pequeña, añade harina y mezcla bien. Echa la leche poco a poco y revuelve. Sazona.

Llena los canelones con la verdura con verdel y colócalos en la placa del horno. Vierte la salsa de tomate y la bechamel. Espolvorea con queso rallado y gratina en el horno a 200ºC durante 4-5 minutos. Saca los canelones del horno y adorna con perejil.

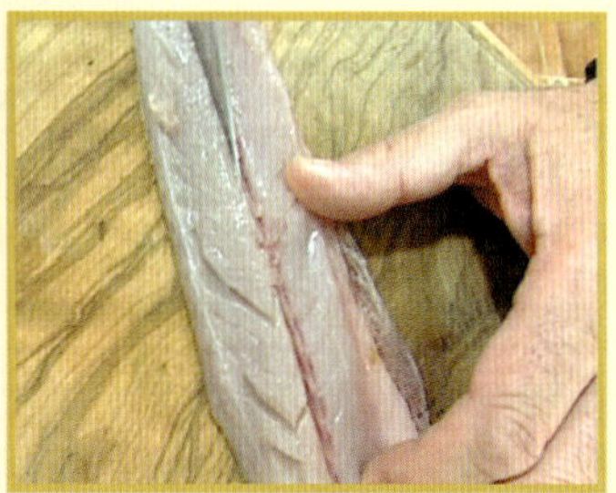

Limpia el verdel y quítale las espinas.

Cuando las verduras estén hechas, pon encima los trozos de verdel.

Haz la bechamel.

Vierte la salsa de tomate y la bechamel encima de los canelones.

Temporada

Primavera

Bebida

Tinto joven

CONSEJO DE KARLOS

Los canelones son un plato de origen italiano. La palabra italiana "canneloni" (derivado de la palabra canna "caña") significa literalmente tubo grueso "canalon". Este plato es muy socorrido en epocas de crisis, podemos aprovechar las sobras de otros platos y rellenarlos con mil ingredientes.

CAZUELA DE ANCHOAS Y FIDEOS

Ingredientes

12 anchoas
150 gr. de fideos
1 cebolla
1 tomate
2 patatas
1 pimiento verde
2 dientes de ajo
agua
aceite de oliva virgen
sal

Elaboración

Trocea media cebolla y el pimiento verde y fríelos en una cazuela baja con un poco de aceite. Pela el tomate, córtalo en rodajas y añádelo a la cazuela.

Pela las patatas, haz rodajas finas y echa a la cazuela. Cubre todo con agua, coloca los fideos encima y sazona. Introduce en el horno a 200ºC durante 10-15 minutos.

Limpia las anchoas, quítales las espinas y extiéndelas. Filetea los ajos y fríelos en una sartén con aceite. Saltea las anchoas con los ajos.

Tras sacar los fideos del horno, coloca las anchoas encima. Adorna con perejil antes de servir.

Trocea media cebolla y el pimiento verde y fríelos en una cazuela baja.

Cubre todo con agua, coloca los fideos encima y sazona.

Saltea las anchoas con los ajos.

Tras sacar los fideos del horno, coloca las anchoas encima.

Temporada

Verano

Bebida

Cava

CONSEJO DE KARLOS

Si después de pelar ajos o cebollas te huelen los dedos, abre el grifo y aclara tus manos bajo el agua, pero ¡ojo!, es importante no frotar una contra la otra, porque si lo haces sólo conseguirás que el olor se quede más incrustado.

PASTA PICANTITA

Ingredientes

300 gr. de pasta
300 gr. de guisantes
2 cebolletas
3 dientes de ajo
1 vaso de salsa de tomate
1 trozo de guindilla
agua
aceite de oliva virgen
sal

Elaboración

Desgrana los guisantes y cuécelos en agua con sal durante 10 minutos. Escurre y resérvalos. En otra cazuela pon la pasta con abundante agua, una pizca de sal y un chorrito de aceite, cuece durante 8 minutos. A continuación, escurre, refresca y resérvala.

Pica las cebolletas, dóralas en aceite y mezcla con la pasta. Machaca en el mortero los dientes de ajo, el trozo de guindilla y añádelo a la pasta.

Coloca la pasta en una fuente de manera que quede un hueco en el centro. Calienta la salsa de tomate y viértela en el hueco dejado en la pasta.

Saltea los guisantes en aceite y ponlos sobre la salsa de tomate.

Pon la pasta con abundante agua, una pizca de sal y un chorrito de aceite durante 8 minutos.

Pica las cebolletas, dóralas en aceite y mezcla con la pasta.

Machaca en el mortero los dientes de ajo, el trozo de guindilla y añádelo a la pasta.

Saltea los guisantes en aceite y ponlos sobre la salsa de tomate.

Temporada

Primavera

Bebida

Rosado

Consejo de Karlos

El guisante es un producto de primavera. Si queréis tener guisantes durante todo el año podéis congelarlos. Para ello, hay que hacer lo siguiente: escaldarlos durante dos minutos en agua caliente, pasarlos por agua fría y escurrir. Introducirlos en bolsas o recipientes apropiados y al congelador.

lentejas con pisto e higadillos

garbanzos con callos

sopa de lentejas

alubias con puré de berza

garbanzos con espinacas

lentejas con foie

pochas con almejas

garbanzos fritos con patatas
y huevo

legumbres

LENTEJAS CON PISTO E HIGADILLOS

Ingredientes

300 gr. de lentejas
1 calabacín pequeño
2 zanahorias
100 gr. de judías verdes
1 puerro grande
100 gr. de hígados de pollo
2 dientes de ajo
1 hoja de laurel
1 guindilla
aceite de oliva virgen
agua
sal
perejil picado

Elaboración

Pon a cocer en la olla rápida 15 minutos las lentejas con agua, sal, la hoja de laurel y un chorrito de aceite. Una vez cocidas resérvalas.

Limpia las verduras y pélalas. Corta el calabacín y el puerro en cuadraditos y las zanahorias y las judías verdes en bastoncitos. Sazona y pon todo a pochar en una sartén con aceite (3-5 cucharadas) durante unos 10 minutos.

Mientras tanto filetea los ajos y ponlos a dorar en una sartén con aceite. Incorpora los higadillos sazonados, limpios y troceados. Espolvorea con perejil picado y saltea hasta que se doren por fuera.

Servir las lentejas en una legumbrera, el pisto en una fuente y los higadillos en otra para que cada uno se sirva a su gusto.

Pon a cocer en la olla rápida las lentejas con agua, sal, la hoja de laurel y aceite.

Pon las verduras a pochar en una sartén con aceite.

Incorpora los higadillos a los ajos, sazonados, limpios y troceados.

Servir las lentejas en una legumbrera.

Temporada

Otoño

Bebida

Tinto crianza

CONSEJO DE KARLOS

Los higadillos de pollo son muy sabrosos, pero no están recomendados para las personas con el colesterol alto porque tienen mucha grasa.

GARBANZOS CON CALLOS

Ingredientes

400 gr. de garbanzos
500 gr. de callos
1 tomate, 1 zanahoria
1/2 cebolla, 4 dientes de ajo
1 hueso de rodilla
agua, sal, granos de comino
granos de pimienta

Para la fritada: 1 tomate,
2 cebollas, 1 pimiento verde,
3 dientes de ajo, aceite de oliva
virgen, sal

Elaboración

Pon los garbanzos a remojo de víspera. Trocea los callos y blanquéalos dándoles un hervor (2-3 minutos) en la olla rápida, pero sin tapar. Cuélalos y refréscalos con agua fría.

Pela el tomate, la cebolla, la zanahoria y los ajos y pícalos en cuadraditos. Enjuaga la olla rápida, pon agua a hervir y añade los garbanzos, los callos, el hueso de rodilla, la verdura troceada, unos granos de comino, unos granos de pimienta y una pizca de sal. Cierra la olla y deja cocer durante 30 minutos.

En una sartén con un poco de aceite pon a pochar, el tomate, la cebolla, el pimiento y los ajos troceados finamente. Sazona.

Cuando esté todo a punto, añade la fritada a la olla, mezcla bien y sirve en una legumbrera.

Trocea los callos y blanquéalos dándoles un hervor en la olla rápida.

Enjuaga la olla rápida, pon agua a hervir y añade los ingredientes.

Pon a pochar, el tomate, la cebolla, el pimiento y los ajos troceados finamente.

Cuando esté todo a punto, añade la fritada a la olla y mezcla bien.

Temporada

Otoño

Bebida

Tinto reserva

CONSEJO DE KARLOS

A la hora de cocinar cualquier legumbre os recomiendo añadir unos granos de comino. De esta forma la digestión será más suave.

SOPA DE LENTEJAS

Ingredientes

300 gr. de lentejas
50 gr. de brotes de alfalfa
100 gr. de jamón curado
2 cebolletas
1 puerro
1 zanahoria
3 dientes de ajo
agua
aceite de oliva virgen
sal

Elaboración

Pon a cocer en la olla rápida las lentejas durante 15 minutos. Limpia las verduras (1 cebolleta, el puerro y la zanahoria) y pícalas en cuadraditos. Incorpóralas a la olla, sazona y cierra la tapa. Deja cocer durante 5 minutos, desde el momento en que empiece a salir el vapor.

Cuando estén cocidas, tritura con la batidora y reserva en la olla.

Pica finamente la otra cebolleta y los ajos. Pon a pochar en una sartén con un poco de aceite. Trocea el jamón e incorpóralo, añade los brotes de alfalfa. Saltea brevemente y viértelos sobre la sopa.

Mezcla suavemente y pasa la sopa a una sopera.

Cuando estén cocidas las lentejas y las verduras, tritura con la batidora y reserva en la olla.

Pon a pochar la otra cebolleta y los ajos.

Trocea el jamón e incorpóralo, añade los brotes de alfalfa.

Viértelos sobre la sopa y mezcla suavemente.

Temporada

Primavera

Bebida

Tinto joven

CONSEJO DE KARLOS

Comer lentejas es de gran ayuda también en el trabajo intelectual debido a su contenido en fósforo y hierro. Son ideales para cuando se tiene debilidad, anemia, nerviosismo. Produce un efecto calmante.

ALUBIAS CON PURE DE BERZA

Ingredientes

500 gr. de alubias
1/2 berza
3 patatas
1 pimiento verde
1 puerro
1 cebolleta
pan
agua
sal
aceite de oliva virgen
perejil picado

Elaboración

Pon las alubias a remojo de víspera. Ponlas en una cazuela grande con agua fría y sazona. Pica finamente la cebolleta, el pimiento verde y el puerro y agrégalos a la cazuela donde están las alubias. Cuece todo a fuego suave con un poco de aceite y sal durante 1 hora.

Limpia la berza y trocéala. Pela y trocea las patatas. Pon todo en una cazuela con 1 litro de agua caliente y una pizca de sal y deja cocer durante 20 minutos. Haz un puré con la batidora.

Corta el pan en rodajas y fríelas en una sartén con aceite. Saca y escúrrelas sobre un plato con papel de cocina.

Para servir pon las alubias en una fuente y adorna con las rodajas de pan frito. En otra fuente coloca el puré de berza y espolvorea con perejil.

Pica finamente la cebolleta, el pimiento verde y el puerro y agrégalos a la cazuela.

Limpia la berza y trocéala.

Pela y trocea las patatas.

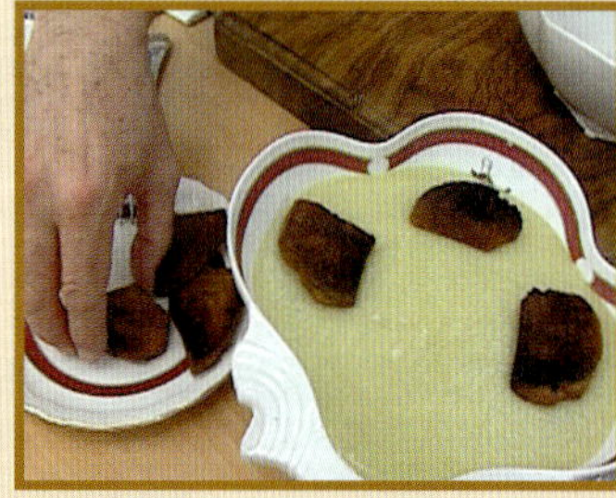

Para servir pon las alubias en una fuente y adorna con las rodajas de pan frito.

Temporada

Invierno

Bebida

Tinto crianza

CONSEJO DE KARLOS

Antes de cocinar las alubias debemos ponerlas a remojo el día anterior, si se nos ha olvidado y queremos cocinarlas, hay que cubrirlas con agua fría y echar una cucharadita de levadura en polvo por cada kilo de alubias. Se cuecen durante 40 minutos aproximadamente (sin dejar que el agua hierva), y cuando estén tiernas pero enteras, podemos cocinarlas.

GARBANZOS CON ESPINACAS

Ingredientes

400 gr. de garbanzos
300 gr. de espinacas
250 gr. de miga de pan
1 vaso de leche
1 cebolla, 1 zanahoria
1 cabeza de ajo
2 huevos cocidos
agua, harina
1 huevo batido
aceite de oliva virgen
sal
perejil picado

Elaboración

De víspera deja los garbanzos a remojo. Pon los garbanzos en agua hirviendo y sal. Pica la zanahoria y la cebolla y échalos a la cazuela donde están los garbanzos. Deja cocer durante hora y media.

Pica finamente los ajos y ponlos en un bol junto con la miga de pan. Añade la leche y el perejil picado y deja reposar. Haz albóndigas con la miga de pan, pásalas por harina y huevo y fríelas en una sartén con aceite.

Limpia y trocea las espinacas. Añádelas a los garbanzos y cuece durante otros 2 minutos.

Pela y trocea los huevos cocidos en cuatro partes y échalos a los garbanzos. Pon las albóndigas fritas en la cazuela y remueve. Coloca lo que tenemos en la cazuela en una fuente y sirve.

Pica la zanahoria y la cebolla y échalos a la cazuela donde están los garbanzos.

Haz albóndigas con la miga de pan, pásalas por harina y huevo y fríelas

Limpia y trocea las espinacas.

Pon las albóndigas fritas en la cazuela y remueve.

Temporada

Otoño

Bebida

Tinto joven

CONSEJO DE KARLOS

Los garbanzos constituyen una excepción en la cocción de las legumbres. Es aconsejable ponerlos a cocer en agua caliente y, si hay que añadirles más cantidad, ésta debe estar casi hirviendo para evitar que se "encallen".

LENTEJAS CON FOIE

Ingredientes

300 gr. de lentejas
250 gr. de hígado de pato (foie)
12 vainas
1 calabacín
2 zanahorias
pimienta
agua
aceite de oliva virgen
sal

Elaboración

Ponemos a remojo las lentejas 4 horas antes. Pon a cocer las lentejas en una cazuela con agua fría con sal durante 60 minutos.
Escúrrelas y reserva.

Limpia las vainas y las zanahorias. Pélalas, corta en juliana fina y ponlas a pochar en una sartén con un poco de aceite.

Añade el calabacín cortado en medias lunas, sazona y saltea. Incorpora las lentejas, mezcla suavemente, pon a punto de sal y pasa todo a una fuente baja.

Corta el hígado de pato en tajadas gruesas, salpimienta y fríelas en una sartén muy caliente sin aceite. Coloca encima de las lentejas.

Pon a cocer las lentejas en agua fría con sal durante 30 minutos.

Añade a la sartén el calabacín cortado en medias lunas, sazona y saltea.

Incorpora las lentejas, mezcla suavemente y pon a punto de sal

Corta el hígado de pato en tajadas gruesas, salpimienta y fríelas en una sartén.

Temporada

Invierno

Bebida

Blanco Sauternes

CONSEJO DE KARLOS

El foie es uno de los grandes productos de la alta gastronomía. Las aplicaciones culinarias de este producto son muy extensas: como entrante frío, así como cocinado, servido caliente o templado, o incluso como ingrediente de prestigio de multitud de recetas.

POCHAS CON ALMEJAS

Ingredientes

1/2 kg. de pochas
1/2 kg. de almejas
3 ajos
2 tomates
1 pimiento verde
1 cebolla
1 puerro
agua
aceite de oliva virgen
sal

Elaboración

Pela las pochas y cuécelas en agua con un poco de sal durante media hora aproximadamente. Resérvalas.

Pica la cebolleta, el puerro, el pimiento y los ajos finamente y pon a pochar en una sartén con un poco de aceite. Pela los tomates, pícalos e incorpóralos.

Cuando esté pochado agrega las almejas, deja al fuego hasta que se abran y añade las pochas.

Deja cocer todo junto unos minutos para que se mezclen los sabores y sirve.

Pela las pochas y cuécelas en agua con un poco de sal durante media hora.

Pica la cebolleta, el puerro, el pimiento y los ajos finamente y pon a pochar.

Agrega las almejas, deja al fuego hasta que se abran y añade las pochas.

Deja cocer todo junto unos minutos para que se mezclen los sabores y sirve.

Temporada

Verano

Bebida

Tinto reserva

CONSEJO DE KARLOS

La pocha es una variedad de alubia blanca que se consume fresca. El final del verano es la mejor temporada para consumirlas. Navarra es la cuna de la pocha, aunque también tienen fama las alavesas y las riojanas.

GARBANZOS FRITOS CON PATATAS Y HUEVOS

Ingredientes

400 gr. de garbanzos
2 patatas pequeñas
1 cebolla
4 huevos
aceite de oliva virgen
sal
perejil picado

Elaboración

Pon los garbanzos a remojo de víspera. Ponlos a cocer en una cazuela con agua y una pizca de sal hasta que se ablanden (1 hora y media aproximadamente).

Pela y trocea las patatas en láminas finas. Pica la cebolla y póchala en una sartén con aceite. Cuando esté dorada, añade las patatas, sazona y fríe todo junto durante 15 minutos.

Cuando las patatas estén hechas, sácalas a un plato y en la misma sartén fríe los garbanzos durante 4-5 minutos.

En un plato grande coloca los garbanzos y encima, las patatas fritas. En el último momento, fríe los huevos, colócalos sobre las patatas y espolvorea con perejil.

Pon los garbanzos a cocer en una cazuela con agua y una pizca de sal

Cuando esté dorada la cebolla, añade las patatas, sazona y fríe todo junto durante 15 minutos.

En la misma sartén fríe los garbanzos durante 4-5 minutos.

En el último momento, fríe los huevos, colócalos sobre las patatas.

Temporada

Invierno

Bebida

Tinto joven

CONSEJO DE KARLOS

Los huevos son un alimento que se preparan muy fácilmente y de diferentes maneras. Son el ingrediente clave de muchas recetas, complementan bien otros platos y son baratos.

sopa fría de pepino y sandía

crema de marmitako

crema de calabaza
con gambas y espárragos

sopa de azafrán

sopa de pan

sopa de espárragos con gambas

sopa de ave

sopa de cebolla

sopa bullabesa

sopas y cremas

SOPA FRIA DE PEPINO Y SANDIA

Ingredientes

2 pepinos pequeños
1 kg de sandía
1/4 l. de caldo de verduras
6-8 rebanadas de pan duro
6 aceitunas negras
6 aceitunas verdes
2 ramas de apio
agua
aceite de oliva virgen
vinagre
sal

Elaboración

Pela la sandía, retírale las pepitas y trocéala. Colócala en una jarra y tritura con una batidora hasta que quede una crema homogénea. Introduce en el frigorífico para que se enfríe.

Trocea el pepino con piel y colócalo en otra jarra, añade el pan remojado en agua, el aceite (5 cucharadas), un chorro de vinagre, sal y el caldo de verdura. Tritura con la batidora e introduce en el frigorífico para que se enfríe.

Pica las aceitunas en trozos grandes, las verdes por un lado y las negras por otro. Limpia y corta el apio en bastoncitos.

Se puede servir en copas o en platos soperos. Sirve primero crema de pepino y después la de sandía. Adorna con las aceitunas y el apio.

Coloca la sandía en una jarra y tritura con una batidora.

Trocea el pepino con piel y colócalo en otra jarra, añade el pan remojado en agua.

Limpia y corta el apio en bastoncitos.

Sirve primero crema de pepino y después la de sandía.

Temporada

Verano

Bebida

Manzanilla

CONSEJO DE KARLOS

En mayo comienzan a aparecer los mejores pepinos. Por eso, en la mejor gastronomía se considera al pepino como un alimento estival. Su valor nutritivo es escaso y la razón es muy simple: Casi el 100% del fruto es agua. De ahí que resulte refrescante y adecuado en los menús. Generalmente, se toma crudo y, en ensaladas y gazpachos, del que es un ingrediente fundamental.

CREMA DE MARMITAKO

Ingredientes

1 rodaja de bonito
1 pimiento verde
1 cebolleta
3 pimientos morrones asados
2 dientes de ajo
6 cuch. de pimiento choricero
4 patatas, agua
aceite de oliva virgen, sal

Para el fumet: 1 puerro,
1/2 pimiento verde,
1/2 cebolleta, espinas y
pieles de bonito, perejil,
agua, sal

Elaboración

Limpia la rodaja de bonito de piel y espinas y filetéala. Prepara un fumet de pescado. Para ello cuece todos los ingredientes del fumet (puerro, pimiento, cebolleta, las espinas y pieles de bonito y perejil) a fuego medio durante 20 minutos en una cazuela con agua y sal.

Pela las patatas y trocéalas. Cuécelas durante 4 minutos en una olla rápida con un poco de agua y sal. Una vez cocidas, tritúralas con un poco del fumet y un poco de aceite, hasta conseguir una emulsión ligera.

Filetea los ajos en láminas, colócalos en una cazuela con aceite hasta que se doren, incorpora los pimientos morrones asados y la carne de pimiento choricero. Cocina durante 5 minutos. Cuando esté hecho, añade un poco de fumet y tritura con la batidora.

Pica el pimiento verde y la cebolleta en juliana y pon a pochar en una sartén con aceite. Cuando esté hecho, añade los filetitos de bonito sazonados y cocínalos brevemente por los dos lados. Sirve en copas, colocando en la base unos filetes de bonito con fritada, cubre con el puré de patatas y finalmente vierte encima el puré de pimientos (rojo con choricero). Decora con un poco de fritada.

Una vez cocidas las patatas, tritúralas con un poco del fumet y un poco de aceite.

Dora los ajos. Incorpora los pimientos morrones asados y la carne del pimiento choricero.

Pon a pochar el pimiento verde y la cebolleta. Añade los filetitos de bonito.

Sirve en copas.

Temporada

Verano

Bebida

Txakolí

CONSEJO DE KARLOS

Este es un plato sencillo, típico de los pescadores vascos. En su fórmula más antigua carecía de patatas, ya que éstas se introducen en la cocina vasca hace menos de 200 años. En todo caso lo que está claro es que es un plato muy antiguo (común a otros pueblos) en el que los pescadores guisaban a bordo de sus barcos en grandes marmitas, los productos que tenían a su alcance.

CREMA DE CALABAZA CON GAMBAS Y ESPARRAGOS

Ingredientes

1/2 kg. de calabaza
3 patatas
1 tomate maduro
1 cebolla
1 puerro
2 dientes de ajo
8 espárragos verdes
250 gr. de gambas
agua
aceite de oliva virgen
sal
pimienta

Elaboración

Pela las verduras (calabaza, cebolla, tomate, puerro, ajos) y trocéalas. Ponlas a hervir en una cazuela con 2 litros de agua con un poco de sal y tres cucharadas de aceite durante 20-25 minutos.

Cuando estén hechas, tritúralas con una batidora.

Pela las gambas y salpimiéntalas. Limpia los espárragos y córtalos en trozos de 3 centímetros. En una sartén con aceite saltea brevemente los espárragos e incorpora las gambas. En 1-2 minutos estarán a punto.

Vierte la crema de calabaza en una sopera y añade la guarnición de espárragos y gambas.

Pela las verduras, trocéalas y ponlas a hervir en una cazuela.

Tritúralas con una batidora.

En una sartén con aceite saltea brevemente los espárragos e incorpora las gambas.

Vierte la crema de calabaza en una sopera y añade la guarnición de espárragos y gambas.

Temporada

Otoño

Bebida

Tinto joven

Consejo de Karlos

Antiguamente se otorgaban las notas con productos agrícolas. Aunque variaba de una región a otra, lo más común era: Sobresaliente: pepino, Aprobado: tomate, Suspenso: calabaza

SOPA DE AZAFRÁN

Ingredientes

2 cebolletas, 2 puerros
3 zanahorias
3 dientes de ajo
unas hebras de azafrán
7 rebanadas de pan
aceite de oliva virgen, sal

Para el caldo de verduras:
1 1/2 l. de agua,
1-2 cebollas, 2 puerros,
1 tomate, 1 rama de
perejil, sal

Elaboración

Limpia las verduras del caldo, trocéalas y ponlas a cocer en una cazuela con agua y una pizca de sal. Deja cocer durante 15-20 minutos. Cuélalo y resérvalo.

Pica finamente los puerros, las cebolletas, las zanahorias y 2 dientes de ajo y pon a pochar en una cazuela con aceite. Cuando se doren, añade unas hebras de azafrán. Tuesta en el horno 3 rebanadas de pan, trocéalas e incorpóralas. Deshaz el pan de sopa con una varilla. Rehoga brevemente y vierte el caldo. Deja cocer durante 15 minutos.

Mientras tanto, corta por la mitad las otras rebanadas de pan, fríelas en una sartén con aceite. Coloca papel absorbente de cocina sobre un plato y escúrrelas. Úntalas con un ajo.

Sirve en una sopera y coloca encima los panes fritos.

Limpia las verduras del caldo, trocéalas y ponlas a cocer en una cazuela con agua y una pizca de sal.

Tuesta en el horno 3 rebanadas de pan, trocéalas e incorpóralas.

Rehoga brevemente y vierte el caldo.

Corta por la mitad las otras rebanadas de pan, fríelas en una sartén con aceite.

Temporada

Invierno

Bebida

Tinto joven

CONSEJO DE KARLOS

Citado en el "Cantar de los Cantares", el Azafrán se usaba para teñir las ropas. Los árabes lo introdujeron en la Península Ibérica desde Oriente. España es hoy el primer productor del mundo y concretamente el de Valencia es muy apreciado.

SOPA DE PAN

Ingredientes

1 pan de sopa
2 puerros
2 pimientos choriceros
4 dientes de ajo
2 tomates
2 huevos
agua
aceite de oliva virgen
sal
perejil picado

Elaboración

Pon a cocer los puerros, los tomates enteros, los pimientos choriceros y los dientes de ajo en un litro y medio de agua hirviendo. Echa sal y perejil y cuece a fuego lento durante 40 minutos.

Cuando lleve 10 minutos, saca los tomates y el pimiento choricero para que no se deshagan. Retira la carne de los pimientos choriceros con ayuda de un cuchillo y resérvala. Cuando los puerros y los ajos estén cocidos sácalos y resérvalos junto a los tomates. Corta los puerros por la mitad, pela los tomates y pon todo en una fuente. Coloca los ajos en la mitad. Aliña con sal y aceite y reserva. Cuela el caldo y guárdalo caliente.

Trocea medio pan de sopa y échalo a una cazuela con un poco de aceite, saltéalo brevemente a fuego fuerte. Añade la carne de los pimientos choriceros y el caldo. Deja hervir a fuego lento durante 10 minutos.

Bate los huevos con perejil, añade una cucharada de aceite y echa a la sopa. Hierve durante un par de minutos. Presenta la sopa en una sopera y la fuente de verduras al lado.

Pon a cocer los puerros, los tomates enteros, los pimientos choriceros y los dientes de ajo.

Cuando los puerros y los ajos estén cocidos sácalos y resérvalos junto a los tomates.

Retira la carne de los pimientos choriceros con ayuda de un cuchillo y resérvala.

Bate los huevos con perejil, añade una cucharada de aceite y echa a la sopa.

Temporada

Primavera

Bebida

Tinto crianza

Consejo de Karlos

El ajo sirve para dar sabor a todo alimento que carece de él y muchas veces para tapar defectos de productos, pero aunque el ajo sea capaz de animar y salvar tantos platos puede arruinarlos al menor descuido si no sabemos dosificarlo.

SOPA DE ESPARRAGOS CON GAMBAS

Ingredientes

500 gr. de espárragos trigueros
200 g de gambas
2 cebollas
2 zanahorias
1 1/2 l. de caldo de verduras
1/2 vaso de nata
1 diente de ajo
aceite de oliva virgen
sal
perejil

Elaboración

Pica las cebollas y las zanahorias y dóralas a fuego suave. Sazona. Añade los espárragos limpios y troceados, reservando las puntas. Cocina durante 10 minutos.

A continuación, agrega el caldo y una pizca de sal y cuece durante otros 10 minutos. Tritura con una batidora y pásalo por el chino. Vierte la nata y mezcla bien.

Pica el diente de ajo y dóralo en una sartén. Pela y sazona las gambas. Incorpóralas a la sartén junto con las puntas de los espárragos. Saltea brevemente (2 minutos) y vierte todo sobre la sopa.

Pasa la sopa a una sopera y adorna con perejil.

Añade los espárragos limpios y troceados, reservando las puntas.

A continuación, agrega el caldo y una pizca de sal y cuece.

Tritura con una batidora y pásalo por el chino.

Pela y sazona las gambas. Incorpóralas a la sartén junto con las puntas de los espárragos.

Temporada

Primavera

Bebida

Blanco

CONSEJO DE KARLOS

Si compráis zanahorias en bolsa de plástico, debéis sacarlas nada mas llegar a casa y consumirlas lo antes posible, ya que corren el riesgo de ablandarse y estropearse.

SOPA DE AVE

Ingredientes

2 esqueletos de pollo
4 zanahorias
2 cebollas
3 dientes de ajo
2 puerros
100 gr. de guisantes
una ramita de apio
75 gr. de fideos
100 gr. de jamón
agua
aceite de oliva virgen
sal

Elaboración

Para hacer el caldo cuece en una cazuela grande con agua y una pizca de sal, el verde de los puerros, los esqueletos de pollo, 2 zanahorias (lo verde también), los dientes de ajo y las cebollas durante 30 minutos.

Pica el blanco de los puerros, otras 2 zanahorias y el apio y ponlos a pochar en otra cazuela con un poco de aceite. Mezcla bien y añade los guisantes y los fideos.

Corta el jamón en dados y añádelos a la cazuela de las verduras.

Cuela el caldo sobre la cazuela donde tenemos las verduras. Calienta la sopa durante 2-3 minutos y pásala a una sopera.

Haz el caldo.

Pica el blanco de los puerros, 2 zanahorias y el apio y póchalos en otra cazuela.

Corta el jamón en dados y añádelos a la cazuela de las verduras.

Cuela el caldo sobre la cazuela donde tenemos las verduras.

Temporada

Primavera

Bebida

Jerez seco

Consejo de Karlos

Los esqueletos de pollo son ideales para hacer caldos y aunque no tengan demasiada carne, aportan buen sabor. Además el precio les acompaña ya que son muy baratas. Si queréis ahorrar tiempo, no dudéis en preparar el caldo de víspera.

SOPA DE CEBOLLA

Ingredientes

4 cebollas
2-3 esqueletos de pollo
12 rebanadas de pan tostado
1 puerro
queso rallado
1 diente de ajo
agua
aceite de oliva virgen
sal
perejil

Elaboración

Pon a cocer el perejil, el puerro y las esqueletos de pollo en una cazuela con agua y una pizca de sal, durante 20 minutos. Retírale la grasa y cuélalo.

Mientras tanto, corta la cebolla en juliana fina. Sazona y ponla a pochar en una cazuela con un poco de aceite, hasta que coja un bonito color dorado. Aproximadamente en 15 minutos estará en su punto. Vierte encima el caldo y deja cocer unos 10-15 minutos. Pasa la sopa a una fuente de barro.

Unta los panes tostados con el diente de ajo y colócalos sobre la sopa. Espolvorea los panes con el queso rallado e introduce en el horno a gratinar durante 2 minutos.

Cuando el queso esté bien dorado, la sopa estará lista para servir.

Pon a cocer el perejil, el puerro y las carcasas de pollo.

Corta la cebolla en juliana fina. Sazona y ponla a pochar.

Unta los panes tostados con el diente de ajo y colócalos sobre la sopa.

Espolvorea los panes con el queso rallado e introduce en el horno a gratinar.

Temporada

Invierno

Bebida

Tinto crianza

Consejo de Karlos

Durante la edad media, la cebolla, fue extensamente estudiada, llegando a ser tan popular que los detalles de sus saludables propiedades han llegado hasta nuestros días, como la creencia popular de la habilidad de la cebolla para alargar la vida y hacerla mas sana. Así que ¡A aprovechar sus propiedades!.

SOPA BULLABESA

Ingredientes

200 gr. de lenguado limpio
200 gr. de sapo limpio
200 gr. de salmón limpio
8 almejas
1 bogavante de 300 gr.
4 langostinos, 4 nécoras
1 cebolla, 3 tomates
1 pimiento verde, 3 dientes de ajo
1 zanahoria, 1 calabacín
unos hilos de azafrán
20 granos de pimienta negra
1 cucharada de pimentón dulce
2 rodajas de pan tostado
aceite de oliva virgen
sal

Elaboración

Para el caldo, pon en una cazuela grande abundante agua con un poco de sal e introduce las cabezas, la cebolla, el puerro, el hinojo y el estragón. Cuece a fuego lento durante 20-30 minutos hasta conseguir un buen fondo de pescado. Cuélalo y resérvalo.

Pela y pica los tomates, la cebolla y 2 ajos. Pon a pochar todo en una cazuela con aceite y sazona. Cuando esté dorado incorpora el azafrán, la pimienta negra, el pimentón y el caldo. Deja cocer 10-15 minutos y tritura.

Incorpora las nécoras, los langostinos, las almejas. Pela y corta la zanahoria y el calabacín en juliana fina e incorpóralos. Filetea los pescados, sazónalos e incorpóralos. Deja cocer unos minutos para que se mezclen los sabores. Corta el bogavante por la mitad y hazlo a la plancha. Mételo en la sopa y pasa todo a la sopera.

Unta las rebanadas de pan tostado con ajo, colócalas sobre la sopa y sirve.

Para el caldo: 1 kg. de cabezas de pescado (rape, merluza, lenguado..), 1 puerro, 1 cebolla, un poco de hinojo, 2 ramitas de estragón, agua, sal.

Prepara el caldo.

Pon a pochar los tomates, la cebolla y los ajos. Incorpora el azafrán, la pimienta...

Filetea los pescados, sazónalos e incorpóralos.

Corta el bogavante por la mitad y hazlo a la plancha.

Temporada

Invierno

Bebida

Tinto gran reserva

CONSEJO DE KARLOS

A diferencia de los caldos de carne que se conservan mejor, los de pescado deben elaborarse en el día que se tiene previsto utilizar, de lo contrario puede tomar algo de sabor a rancio.

plato con huevos

huevos gratinados

huevos en brick

revuelto de ajos y merluza

paquetitos de huevos y mollejas

huevos al nido

huevos

PLATO CON HUEVOS

Ingredientes

4 huevos, 5 patatas
2 cebollas
1 pimiento verde
2 tomates, 2 ajos
4 lonchas de jamón
agua
pimienta negra
aceite de oliva virgen
agua
vinagre
sal
perejil

Elaboración

Pela y corta las patatas haciendo "cras", ponlas a cocer en la olla rápida con un poco de agua y sal. En 5 minutos estarán cocidas. Con una batidora tritura las patatas hasta conseguir un puré. Pica finamente una cebolla y el pimiento verde y pon a pochar en una sartén con aceite hasta que quede dorado y blando. Escurre y añádelo al puré. Espolvorea con un poco de pimienta negra molida.

Haz un tomate casero, para ello pela los tomates y trocéalos, pica los ajos y la otra cebolla. Coloca todo en una cazuela con aceite y deja que se cocine hasta conseguir el punto deseado.

En otra cazuela, pon a hervir el agua y añade un buen chorro de vinagre. Cuando empiecen a salir burbujas, escalfa los huevos. En 3 minutos estarán hechos.

Coloca el puré de patatas en el fondo de una bandeja. Con un cazo, marca unos huecos, en cada hueco pon una loncha de jamón y un huevo. Alrededor del puré de patatas sirve el tomate. Decora con unas ramitas de perejil.

Pica una cebolla y el pimiento verde y pon a pochar. Escurre y añádelo al puré.

Haz un tomate casero.

Escalfa los huevos.

Coloca el puré de patatas en el fondo de una bandeja. Con un cazo, marca unos huecos.

Temporada

Otoño

Bebida

Tinto joven

Consejo de Karlos

No hay que confundir escalfar con hervir. Escalfar es cocer en un líquido a punto de ebullición, sin que llegue a romper a hervir.

HUEVOS GRATINADOS

Ingredientes

4 huevos
3 patatas
3 cucharadas de salsa de tomate
8 pimientos de piquillo
4 rodajas de pan
azúcar
agua
vinagre
aceite de oliva virgen
sal

Elaboración

Pela y corta las patatas. Cuécelas en agua hirviendo con un una pizca de sal y un chorro de aceite. Cuando estén cocidas pásalas con la batidora. Mezcla el puré de patata con la salsa de tomate.

Corta 4 rodajas de pan, fríelos en una sartén y escúrrelos.
En la misma sartén, fríe a fuego lento los pimientos del piquillo con un poco de azúcar y una pizca de sal.

Escalfa los huevos en una cazuela con agua, sal y un chorrito de vinagre.

Pon las rodajas de pan frito en una fuente.
Saca los huevos, colócalos sobre los panes fritos y cúbrelos con el puré de patatas. Gratina los huevos en un horno a 200ºC durante 3 minutos. Coloca los pimientos alrededor de los huevos y sirve.

Mezcla el puré de patata con la salsa de tomate.

Corta 4 rodajas de pan, fríelos en una sartén y escúrrelos.

Escalfa los huevos en una cazuela con agua, sal y un chorrito de vinagre.

Saca los huevos, colócalos sobre los panes fritos y cúbrelos con el puré de patatas.

Temporada

Otoño

Bebida

Tinto joven

Consejo de Karlos

La intoxicación más común a través de los huevos es la salmonela. Para evitar intoxicaciones con los huevos, hay que tomar precauciones respecto a su conservación (refrigerados) y consumo (dentro de las fechas de caducidad). De todas formas, recordad que la salmonela no es exclusiva del huevo ya que ésta puede aparecer en otros alimentos como en pescados y mariscos.

HUEVOS EN BRICK

Ingredientes

4 láminas de pasta brick
4 huevos
200 gr. de chorizo fresco
200 gr. de setas
3 patatas
salsa de tomate
aceite de oliva virgen
sal

Elaboración

Quita la piel al chorizo. Pica finamente la carne y fríe en una sartén a fuego lento. Limpia las setas, trocéalas bien y mézclalas con el chorizo. Saltea brevemente en la sartén.

Pela y trocea las patatas y fríelas en otra sartén. Sácalas a un plato y resérvalas.

Dispón en la mitad de cada lámina de pasta brick, un círculo con el chorizo y las setas. En el medio coloca un huevo, sazona y ciérralos doblando la pasta. Fríelos de uno en uno hasta que se doren.

Colócalos en una fuente junto con las patatas fritas y la salsa de tomate.

Limpia las setas, trocéalas bien y mézclalas con el chorizo.

Pela y trocea las patatas y fríelas en otra sartén.

Dispón en cada lámina de pasta brick, un círculo con el chorizo y las setas. En el medio coloca un huevo.

Fríelos de uno en uno hasta que se doren.

Temporada

Verano

Bebida

Rosado

CONSEJO DE KARLOS

Procurad comprar únicamente huevos refrigerados, limpios y con cáscaras intactas. Es mejor no lavarlos antes de almacenarlos o usarlos, porque ya han sido lavados durante el proceso de preparación para la venta. Por lo tanto, no es necesario volverlos a lavar.

REVUELTO DE AJOS Y MERLUZA

Ingredientes

800 gr. de merluza
6 huevos
3 manojos de ajos frescos
1 rebanada de pan de molde
aceite de oliva virgen
sal
perejil picado

Elaboración

Limpia los ajos frescos y córtalos en dos, los tallos por un lado y las cabezas por otro. Confita las cabezas en una cazuela con abundante aceite a fuego lento durante 30 minutos. A continuación, ponlos en un plato y reserva. Dora los tallos troceados en una sartén y reserva.

Limpia la merluza, quita la espina central y saca los lomos. De éstos, haz filetes y fríelos durante un par de minutos en la sartén donde están los tallos de los ajos dorados.

En un bol bate los huevos con un poco de perejil picado y una pizca de sal. Viértelos a la sartén donde tenemos la merluza y mezcla hasta que cuaje.

Corta la rebanada de pan de molde en triángulos y fríe en el aceite donde hemos confitado las cabezas de ajo. Pon en un plato grande el revuelto. Adorna el plato con los triángulos de pan frito y sobre éstos coloca las cabezas de ajo confitado.

Confita las cabezas de ajos en una cazuela.

Fríe los filetes de merluza en la sartén.

Bate los huevos con un poco de perejil picado y una pizca de sal. Viértelos a la sartén.

Corta la rebanada de pan de molde en triángulos y fríe en el aceite de confitar los ajos.

Temporada

Primavera

Bebida

Rosado

CONSEJO DE KARLOS

Para conseguir tortillas más esponjosas, basta con añadir a los huevos a la hora de batirlos, una cucharadita de nata líquida o unas gotitas de leche.

PAQUETITOS DE HUEVOS Y MOLLEJAS

Ingredientes

4 obleas de pasta brick
2 huevos cocidos
4 mollejas de pato confitadas
1 cebolla
3 dientes de ajo
salsa de tomate
aceite
sal

Elaboración

Pica la cebolla y los ajos y ponlos a pochar en una cazuela con aceite. Sazona. Trocea las mollejas e incorpóralas a la cazuela, seguido añade los huevos cocidos picaditos. Saltea todo y deja enfriar.

Calienta la salsa de tomate en una cazuela pequeña.

Rellena las obleas y envuélvelas bien, formando rollitos. Fríelos en una sartén, dales la vuelta, retíralos y colócalos en un plato con papel de cocina para que escurran el aceite.

Sirve en un bandeja y adorna alrededor con la salsa de tomate. Decora con un poco de perejil.

Trocea las mollejas e incorpóralas a la cazuela, seguido añade los huevos cocidos picaditos.

Rellena las obleas y envuélvelas bien, formando rollitos.

Fríelos en una sartén.

Sirve en un bandeja y adorna alrededor con la salsa de tomate.

Temporada

Otoño

Bebida

Tinto crianza

Consejo de Karlos

Para cocer huevos, ponlos en una cazuela con agua fría y una pizca de sal durante 8-10 minutos a partir de que rompa el hervor. Refrescar bajo el grifo de agua fría para detener su cocción. Pelar y listos.

HUEVOS AL NIDO

Ingredientes

400 gr. de mollejas de cordero
4 huevos
2 patatas grandes
2 dientes de ajo
1 vaso de vino de oporto tinto
1 vaso de vino tinto
1 cucharada de mantequilla
harina de maíz refinada con agua
harina, agua
aceite de oliva virgen
vinagre, sal
perejil picado

Elaboración

Pon el oporto y el vino tinto a reducir en una cazuela durante 10-15 minutos. Añade un poco de mantequilla y un poco de harina de maíz refinada diluida en agua. Mezcla bien hasta que espese.

Para hacer los nidos de patatas necesitarás el utensilio apropiado. En caso de no disponer de él puedes utilizar dos coladores. Pela las patatas y córtalas en paja, introduce la patata dentro del colador grande, presiona y cubre con el colador pequeño y ata los mangos. Sumerge en el aceite caliente y fríe en abundante aceite hasta que queden dorados. Déjalos enfriar.

Limpia las mollejas, trocéalas y sazónalas. Pásalas por harina y saltéalas con los ajos (cortados en láminas) en una sartén con un poco de aceite. Espolvorea con perejil.

Escalfa los huevos en una cazuela con agua, sal y vinagre. Para servir, dispón los nidos en fila, rellena con las mollejas y los huevos escalfados. Finalmente salsea.

Pon el oporto y el vino tinto a reducir. Añade mantequilla y harina de maíz refinada diluida en agua.

Limpia las mollejas, trocéalas y sazónalas. Pásalas por harina y saltéalas con los ajos.

Escalfa los huevos en una cazuela con agua, sal y vinagre.

Para servir, dispón los nidos en fila, rellena con las mollejas y los huevos escalfados.

Temporada

Invierno

Bebida

Tinto crianza

CONSEJO DE KARLOS

Para escalfar los huevos: rompe el huevo y viértelo a una taza de té, acércalo al líquido y, de golpe, con un gesto seco échalo en el agua. Sin esperar, con una espumadera, coloca la clara alrededor de la yema. Fíjate en el orden en que los echas para sacarlos en el mismo orden.

costilla de ternera asada

chuletillas de cordero con berenjenas

trenzas de solomillo de cerdo

carpaccio de ternera

albóndigas caseras

conejo al horno

estofado de búfalo

solomillo de cerdo al jerez

escalopes de ternera

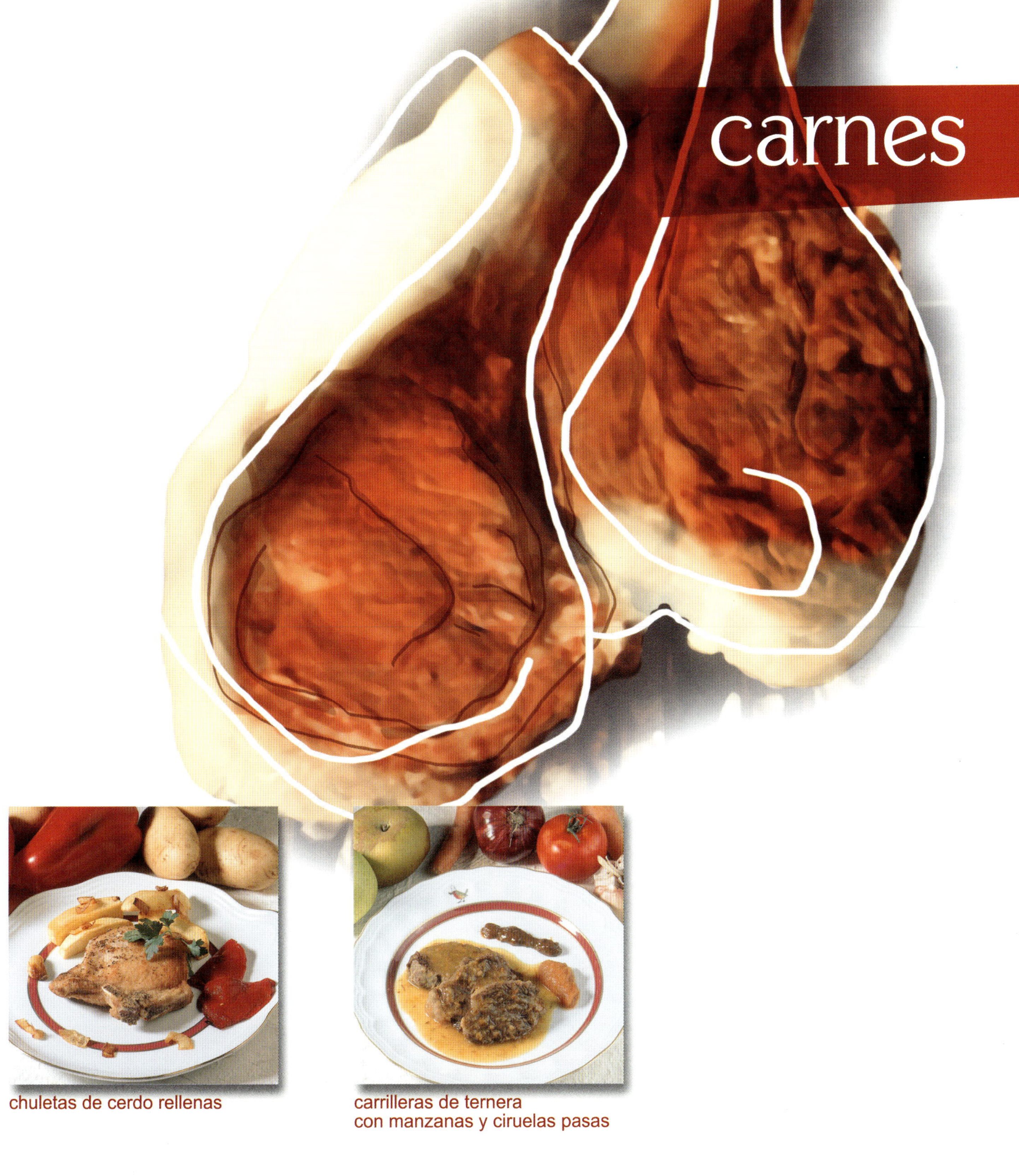

chuletas de cerdo rellenas

carrilleras de ternera
con manzanas y ciruelas pasas

COSTILLA DE TERNERA ASADA

Ingredientes

1.200 gr. de costilla de ternera
1 ramita de tomillo
1 ramita de romero
1 pizca de pimienta negra molida
4 patatas medianas
250 gr. de guindillas
aceite de oliva virgen
sal

Elaboración

Pon el horno a calentar. Corta la costilla en 4 pedazos y colócala sobre la bandeja de hornear.

En un bol pequeño coloca el romero y el tomillo bien picado, añade aceite y sal y bate todo bien. Unta las costillas con la mezcla. Introduce en el horno a 180ºC y deja que se ase durante 1 hora y media.

Pela y corta las patatas en medias lunas y fríelas en una sartén con aceite. Cuando estén casi hechas añade las guindillas y deja que se frían juntas.

Sirve las costillas en una fuente y acompaña de las patatas y las guindillas. Sazona todo y listo.

En un bol pequeño coloca el romero y el tomillo bien picado, añade aceite y sal y bate todo bien.

Unta las costillas con la mezcla.

Pela y corta las patatas en medias lunas y fríelas. Cuando estén casi hechas añade las guindillas.

Sirve las costillas en una fuente y acompaña de las patatas y las guindillas.

Temporada

Invierno

Bebida

Tinto Reserva

CONSEJO DE KARLOS

Los expertos en nutrición aseguran que la carne de vacuno es la principal y la mejor fuente de hierro porque, además de aportar gran cantidad de este mineral, lo hace de una forma que resulta perfectamente asimilable por el organismo. Además es rica en selenio, cobre y zinc, elementos que activan el sistema antioxidante, protegen contra el envejecimiento precoz de las células y mejoran las defensas inmunitarias.

CHULETILLAS DE CORDERO CON BERENJENAS

Ingredientes

12 chuletillas de cordero
3 patatas
1 berenjena
3 huevos
harina
pan rallado
aceite de oliva virgen
sal

Elaboración

Limpia de grasa las chuletillas. Sazónalas y ponlas en una placa de horno. Rocíalas con aceite e introdúcelas en el horno a 200ºC, durante 5 minutos.

Corta 12 lonchas finas de berenjena. Fríelas brevemente (2 minutos) para que se ablanden y resulten moldeables. Escúrrelas.

Envuelve cada chuletilla con una lámina de berenjena, pásalas por harina, huevo batido y pan rallado y fríelas.

Pela las patatas, córtalas en láminas finas y después en bastoncitos finos de forma que queden como patatas paja y fríelos en abundante aceite. Sirve en una fuente las chuletillas junto a las patatas fritas.

Limpia las chuletillas. Sazónalas y ponlas en una placa de horno. Rocíalas con aceite.

Corta 12 lonchas finas de berenjena. Fríelas.

Envuelve cada chuletilla con una lámina de berenjena, pásalas por harina, huevo batido y pan rallado.

Pela las patatas, córtalas en láminas finas y después en bastoncitos finos, que queden como patatas paja.

Temporada

Verano

Bebida

Tinto crianza

Consejo de Karlos

Para hacer patatas paja se cortan en lonchas de 6 mm., de forma rectangular y cada loncha en tiritas muy finas. Para que queden muy crujientes es conveniente freírlas dos veces: una primera fritura sin hacerlas del todo, retirar, dejar templar y volver a introducir en el aceite.

TRENZAS DE SOLOMILLO DE CERDO

Ingredientes

2 solomillos de cerdo (800 gr.)
2 manzanas reineta
50 gr. de jamón serrano
pan rallado
aceite de oliva virgen
sal, perejil picado

Para la salsa: 1/2 l. de caldo de carne, 1/2 l. de nata líquida, 100 gr. de paté de foie

Elaboración

Para la salsa, pon en un cazo el caldo, la nata y el paté. Deja que reduzca durante 15-20 minutos.

Limpia las manzanas, retírales el corazón y córtalas en tres rodajas. Colócalas en una bandeja de horno, rocía con aceite y salpícalas con el jamón picado en taquitos. Introduce en el horno a 200ºC durante 10 minutos.

Corta cada solomillo en dos, a lo ancho y a lo largo, después corta tres tiras de cada trozo dejándolas enganchadas sin llegar a cortarlas del todo, forma una trenza, sazónalas, pásalas por pan rallado y fríelas minuto y medio por cada lado.

Salsea el fondo de la bandeja y coloca encima las trenzas y las rodajas de manzana.

Para la salsa, pon en un cazo el caldo, la nata y el paté.

Limpia las manzanas, rocía con aceite y salpícalas con el jamón picado en taquitos.

Forma una trenza con cada trozo de solomillo.

Pásalas por pan rallado y fríelas minuto y medio por cada lado.

Temporada

Otoño

Bebida

Tinto crianza

Consejo de Karlos

El solomillo de cerdo es mucho mas barato que el de vacuno, y aunque no tiene el mismo sabor ni textura, resulta una carne muy tierna.

CARPACCIO DE TERNERA

Ingredientes

400 gr. de solomillo de ternera
50 gr. de queso parmesano
100 gr. de canónigos
50 gr. de germinado de alfalfa
50 gr. de berros
4 pepinillos en vinagre
2 cucharadas de alcaparras
1/2 diente de ajo
aceite de oliva virgen
vinagre de Módena
sal gruesa

Elaboración

Corta el solomillo en filetes finos y aplástalos con el cuchillo para que queden más finos. Extiéndelos en una fuente amplia con mucha base.

En un bol mezcla aceite, vinagre de Módena y una pizca de sal. Con ayuda de un pincel, unta los filetes.

Corta finamente el queso parmesano, colócalo sobre los filetes de solomillo. Salpica la superficie con las alcaparras y decora con los pepinillos cortados en forma de abanico.

Pica medio ajo y ponlo en un bol. Limpia los canónigos, los berros y el germen de alfalfa. Escurre bien. Coloca en el bol, vierte el resto del aliño anterior y añade un poco más de aceite. Sirve, en una fuente el carpaccio y en otro la ensalada.

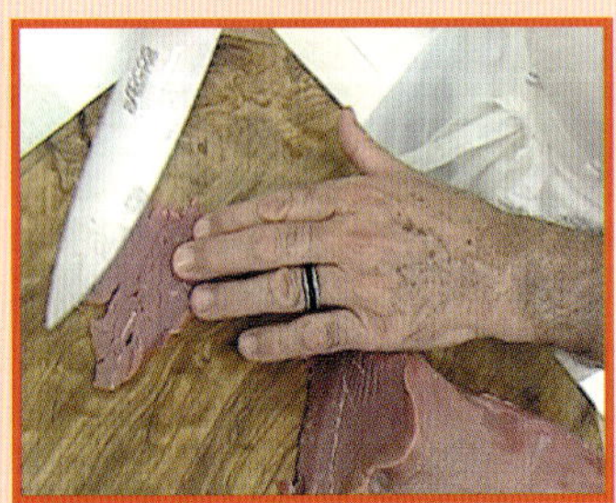

Corta el solomillo en filetes finos y aplástalos con el cuchillo para que queden más finos.

En un bol mezcla aceite, vinagre de Módena y una pizca de sal. Unta los filetes.

Corta finamente el queso parmesano, colócalo sobre los filetes de solomillo.

Limpia los canónigos, los berros y el germen de alfalfa.

Temporada

Verano

Bebida

Blanco crianza

CONSEJO DE KARLOS

Uno de los secretos para conseguir un sabroso carpaccio es el corte de la carne. Deben cortarse en lonchas muy finas, para que el marinado tenga efecto en la carne y tome el sabor adecuado. Para facilitar la tarea, basta con meter la carne en el congelador durante 10 minutos. La consistencia que le proporciona el frío permite cortar la carne en finas láminas con facilidad.

ALBONDIGAS CASERAS

Ingredientes

500 gr. de carne de ternera picada
200 gr. de miga de pan
1 vaso de leche
1 huevo, 2 dientes de ajo
3 cebollas
1 vaso de caldo de carne
1 vaso de vino tinto
harina
aceite de oliva virgen
sal, perejil
pimienta negra molida

Elaboración

Mezcla la miga de pan con leche y deja reposar.
En un bol pon la carne picada, el huevo, los ajos finamente picados y un poco de perejil picado. Salpimienta y mezcla bien hasta que quede una masa homogénea.

Escurre la miga de pan e incorpórala a la mezcla anterior. Amasa bien. Prepara las albóndigas, pásalas por harina y fríelas en una sartén con unas 7 cucharadas de aceite. Dóralas y colócalas en un plato con papel de cocina para que escurra el aceite. Pásalas a una cazuela.

Pica las cebollas y dóralas en aceite. Añade 1 cucharada de harina y rehoga brevemente. Vierte el caldo de carne y el vino tinto y deja que se cocine durante 15 minutos.

Pasa la salsa por un pasapurés y viértelo sobre las albóndigas. Guisa conjuntamente las albóndigas y las salsa durante 10 ó 15 minutos. Decora con una ramita de perejil.

En un bol pon la carne picada, el huevo, los ajos finamente picados y un poco de perejil picado.

Escurre la miga de pan e incorpórala a la mezcla anterior.

Coloca las albóndigas en un plato con papel de cocina para que escurra el aceite.

Dora las cebollas, añade una cucharada de harina y rehoga. Vierte el caldo y el vino y deja que se cocine.

Temporada

Otoño

Bebida

Tinto crianza

CONSEJO DE KARLOS

En el siglo XVIII las albóndigas eran muy populares en Madrid. Siempre figuraban como plato permanente en las cartas de las casas de comidas económicas. Resultaban baratas (no utilizaban carne de primera), gustosas, siempre que fueran acompañadas de salsas bien condimentadas y se conservaban bastantes días.

CONEJO AL HORNO

Ingredientes

1 conejo de 1.200 gr.
2 tomates
1 cebolla
1 pimiento morrón
2-3 dientes de ajo
tomillo
1 vaso de txakolí
(o vino blanco)
harina de maíz refinada
agua
aceite de oliva virgen
sal

Elaboración

Pica el tomillo finamente. Sazona el conejo y colócalo sobre una placa de horno, espolvoréalo con el tomillo, riégalo con un buen chorro de aceite y un vaso de txakolí e introduce en el horno a 180ºC, durante 30 minutos.

Pica la cebolla y los ajos y ponlos a pochar en una sartén con un poco de aceite. Cuando estén pochados, añade el pimiento picado finamente y los tomates pelados y sin semillas. Cocina durante 10-15 minutos.

Pasa el jugo que ha desprendido el conejo a una cazuelita, añádele un poco de harina de maíz diluida en agua fría y mezcla con un batidor de varillas hasta conseguir la consistencia deseada.

Sirve la fritada en el fondo de la fuente y coloca encima el conejo. Decora con una ramita de perejil.

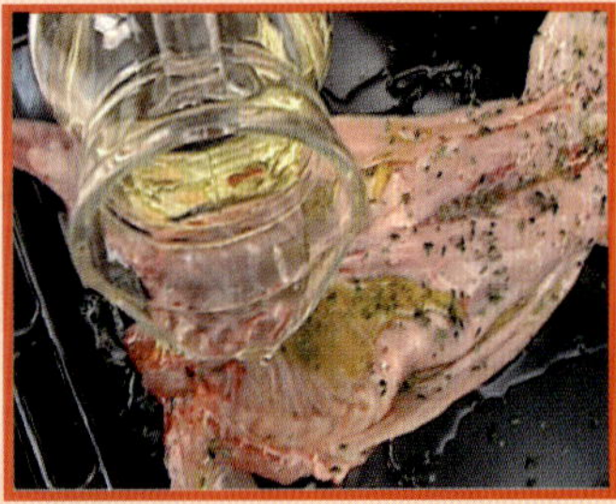

Sazona el conejo y colócalo sobre una placa de horno, espolvoréalo con el tomillo. Riégalo con aceite y txakolí.

Añade, al jugo del conejo, harina de maiz diluida y mezcla hasta conseguir la consistencia deseada.

Sirve la fritada en el fondo de la fuente.

Coloca el conejo encima de la fritada.

Temporada

Verano

Bebida

Rosado

Consejo de Karlos

El asado es una fórmula culinaria de gran valor nutritivo, que mediante la cocción de calor rápido y seco permite la salida de los jugos, conservando en su interior gran parte de las vitaminas y sales minerales.

ESTOFADO DE BUFALO

Ingredientes

1 kg. de zancarrón de búfalo
6 espárragos en conserva
4 alcachofas cocidas
2 patatas
1 cebolla, 1 puerro
3 dientes de ajo
1/4 litro de agua
1/2 litro de vino tinto
aceite de oliva virgen
sal
perejil picado

Elaboración

Pica finamente la cebolla, los ajos y el puerro. Póchalos en una cazuela con aceite.

Trocea la carne, pásala por harina y fríela en una sartén. Cuando des la vuelta a los trozos, sazónalos. Incorpora la carne (sin aceite) a la verdura de la cazuela. Agrega el vino y el agua, mezcla y cuece a fuego lento durante una hora.

Pela, trocea y fríe las patatas. Añádelas a la cazuela junto a las alcachofas y los espárragos.

Calienta todo durante unos minutos. Espolvorea con perejil picado y sirve.

Pica finamente la cebolla, los ajos y el puerro. Póchalos.

Trocea la carne, pásala por harina y fríela en una sartén.

Incorpora la carne a la verdura de la cazuela. Agrega el vino y el agua.

Añade las patatas fritas a la cazuela junto a las alcachofas y los espárragos.

Temporada

Invierno

Bebida

Tinto joven

CONSEJO DE KARLOS

Los guisos y estofados resultan platos cómodos para preparar de un día para otro, porque al recalentarlos mejoran notablemente su sabor.

SOLOMILLO DE CERDO AL JEREZ

Ingredientes

1 kg. de solomillo de cerdo
2 vasos de jerez
pan rallado
200 gr. de tortellini
2 plátanos
mantequilla
agua
pimienta negra molida
aceite de oliva virgen
sal
perejil picado

Elaboración

En un bol pon el jerez, una pizca de pimienta y otra de sal. Con un cuchillo bien afilado, corta el solomillo en filetes e introdúcelos en el bol. Deja macerar durante 2 horas aproximadamente.

A continuación, retira los filetes y pásalos por pan rallado. Fríelos en una sartén con un poquito de aceite.

En una cazuela con agua y una pizca de sal, cuece los tortellini durante 12 minutos. Retíralos, escúrrelos y saltéalos en una sartén con un poco de aceite.

Pela, corta los plátanos en rodajas y fríelos en una sartén con la mantequilla. Coloca los plátanos en la mitad de un plato. Alrededor pon los filetes de cerdo y los tortellini salteados.

En un bol pon el jerez, una pizca de pimienta y otra de sal. Deja macerar el solomillo durante 2 horas.

Retira los filetes y pásalos por pan rallado. Fríelos.

Cuece los tortellini durante 12 minutos.

Fríe los plátanos. Colócalos en la mitad del plato. Pon alrededor los filetes y los tortellini.

Temporada

Primavera

Bebida

Jerez

CONSEJO DE KARLOS

La piel de plátano se puede aprovechar para abrillantar los zapatos. Frotar el cuero con la parte interna de la piel y esperar unos minutos. A continuación sacar brillo con un paño.

ESCALOPES DE TERNERA

Ingredientes

4 escalopes de ternera
12 pimientos de piquillo en conserva
2 patatas
1 huevo
harina
pan rallado
aceite de oliva virgen
sal
perejil picado

Elaboración

Pon los pimientos del piquillo en la bandeja del horno, sazónalos y viérteles encima un chorrito de aceite. Introduce en el horno a 160ºC durante 20 minutos.

Pela, trocea las patatas. Fríelas y espolvorea con perejil picado.

Aplasta los escalopes con un cuchillo. Sazónalos por los dos lados, pásalos por huevo, harina y pan rallado. Hazles unas hendiduras transversales con la parte roma del cuchillo. Fríelos en la misma sartén donde hemos frito las patatas.

Presenta los escalopes junto con las patatas y los pimientos.

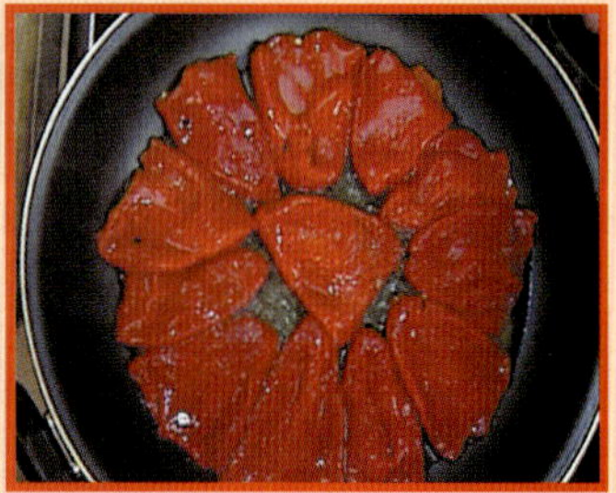

Pon los pimientos del piquillo en la bandeja del horno.

Pela, trocea las patatas. Fríelas y espolvorea con perejil picado.

Haz a los escalopes unas hendiduras transversales con la parte roma del cuchillo.

Fríelos en la misma sartén donde hemos frito las patatas.

Temporada

Verano

Bebida

Rosado

CONSEJO DE KARLOS

Para que a la hora de freír no se levante el rebozado, con la parte roma (la que no corta) del cuchillo marca en forma de rejilla una de las caras de cada escalope.

CHULETAS DE CERDO RELLENAS

Ingredientes

4 chuletas de cerdo
4 lonchas de queso
4 lonchas de jamón serrano
16 pimientos del piquillo en conserva
2 patatas
1 cebolleta
2 dientes de ajo
pan rallado
pimienta negra molida
aceite de oliva virgen
sal

Elaboración

Coloca en una tartera los pimientos del piquillo con un poco de sal y aceite. Ásalos en el horno a 180ºC durante 20 minutos.

Pela las patatas y pártelas en rodajas. Fríelas con los ajos durante 4-5 minutos. Cuando estén a medio freír, añade la cebolleta picada.

Corta las chuletas por la mitad. Rellena cada una con una loncha de jamón y de queso, cierra con un palillo para que no se abran.

Salpimienta las chuletas por los dos lados, pasa por pan rallado y fríelas a fuego suave. Para servir, saca en una fuente las chuletas junto con las patatas y los pimientos del piquillo. Adorna con perejil.

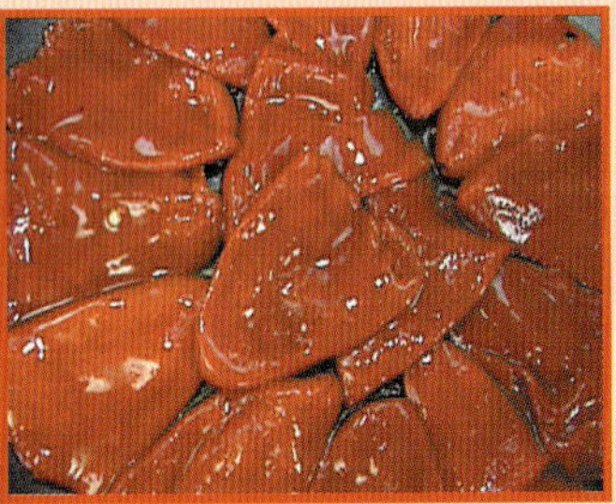

Coloca en una tartera los pimientos del piquillo con un poco de sal y aceite.

Pela las patatas y pártelas en rodajas. Fríelas con los ajos.

Corta las chuletas por la mitad. Rellena cada una con una loncha de jamón y de queso.

Salpimienta las chuletas por los dos lados, pasa por pan rallado y fríelas a fuego suave.

Temporada

Primavera

Bebida

Tinto joven

CONSEJO DE KARLOS

El mejor aceite para freír es el de oliva virgen. Debe de estar suficientemente caliente, pero no debe humear, ya que a temperaturas muy elevadas las grasas empiezan a alterarse.

CARRILLERAS DE TERNERA CON MANZANAS Y CIRUELAS PASAS

Ingredientes

2 carrilleras de ternera
4 manzanas reinetas
250 gr. de ciruelas pasas
2 puerros
1 cebolla blanca
1 cebolla roja
3 zanahorias
1 copa de brandy
harina, agua
aceite de oliva virgen
sal
perejil

Elaboración

Coloca en una olla rápida con agua las carrilleras, las hojas exteriores de las cebollas y una zanahoria. Sazona, ciérrala y deja cocer durante 20 minutos aproximadamente. Cuando estén cocidas, deja que se enfríen y córtalas en filetes. Reserva el caldo.

Cuece por un lado, las manzanas peladas y troceadas y por otro las ciruelas pasas deshuesadas. En 15 minutos estarán a punto. Haz un puré con las manzanas y otro con las ciruelas y resérvalos por separado.

Pica finamente lo blanco de los puerros, las cebollas y 2 zanahorias. Pon todo a pochar en una sartén con un poco de aceite y sazona. Cuando se dore la verdura, vierte el brandy y flamea. Añade un poco de harina, mezcla bien y vierte un poco del caldo. Pasa la salsa por el pasa purés y ponla en una cazuela.

Coloca los filetes de carrillera sobre la salsa y cocina durante un par de minutos más. Coloca los filetes en una fuente, vierte la salsa y acompaña con los purés de manzana y ciruelas pasas. Adorna con perejil y sirve.

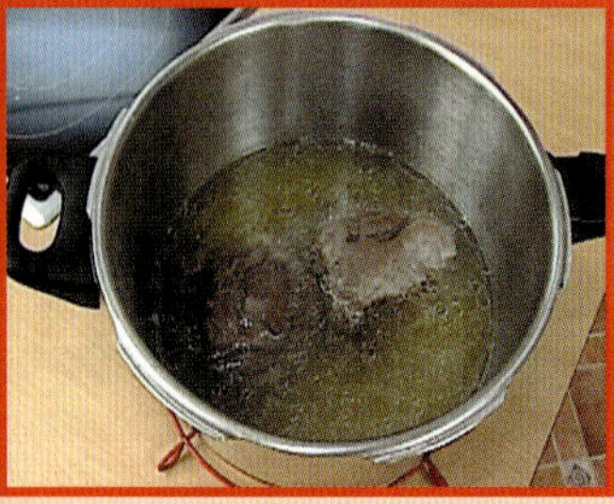

Cuece en una olla rápida las carrilleras, las hojas exteriores de las cebollas y una zanahoria.

Cuece por un lado, las manzanas peladas y troceadas y por otro las ciruelas pasas deshuesadas.

Dora la verdura, vierte el brandy y flamea. Añade un poco de harina, mezcla bien y vierte un poco del caldo.

Coloca los filetes de carrillera sobre la salsa y cocina durante un par de minutos más.

Temporada

Otoño

Bebida

Tinto Crianza

Consejo de Karlos

No vale la pena calentarse la cabeza para deshuesar las ciruelas pasas. Basta con clavar el cuchillo pelaverduras en la ciruela y luego rodear el hueso para desprenderlo de la carne. Finalmente, retira con cuidado el cuchillo pela verduras apretándolo contra el hueso, que sale con él.

magret de pato con champiñones

alas de pollo con brécol frito

pollo asado con finas hierbas

pimientos rellenos de codorniz

pollo con peras

pollo a la naranja

codornices con tomate

pechuga de pato lacado

bocaditos de pimiento y pollo

aves

pechuga de pavo
con tostadas y tomate

MAGRET DE PATO CON CHAMPIÑONES

Ingredientes

2 pechugas de pato
300 gr. de champiñones
1 cebolleta
2 dientes de ajo
1 vaso de caldo de carne
1 vaso de vino tinto
1 cuch. de harina
aceite de oliva virgen
sal
pimienta
perejil picado

Elaboración

Haz unos cortes superficiales en zig-zag en la parte grasa de las pechugas. Salpimiéntalas y ponlas a dorar por ambos lados en una sartén sin aceite.

Pásalas a una bandeja de hornear e introduce en el horno a 200º C durante 10-12 minutos.

Pica la cebolleta, ponla a pochar en una cazuela con un poco de aceite y sazona. Cuando esté pochada incorpora los ajos fileteados. Saltea brevemente y añade la harina, el caldo, el vino y los champiñones limpios y troceados. Espolvorea con perejil picado y deja cocer durante 10-12 minutos.

Filetea las pechugas. Sirve en una fuente, a un lado las pechugas y al otro los champiñones.

Haz unos cortes superficiales en zig-zag en la parte grasa de las pechugas.

Pásalas a una bandeja de hornear e introduce en el horno.

Añade a la cebolla y al ajo, la harina, el caldo, el vino y los champiñones limpios y troceados.

Filetea las pechugas.

Temporada

Primavera

Bebida

Tinto crianza

Consejo de Karlos

Si no os interesa servir las pechugas con toda la grasa, después de freírlas o asarlas, retirad la piel y cortadla en tiras finas y en el último momento tostarlas en una sartén sin añadir nada de aceite.

ALAS DE POLLO CON BRECOL FRITO

Ingredientes

12 alas de pollo
250 gr. de brécol
1 cuch. de pimentón
2 ajos
2 huevos
aceite de oliva virgen
sal
pimienta
perejil

Elaboración

Limpia las alas de pollo, retírales la punta, córtalas en dos y salpimiéntalas.

Pica los ajos finamente, colócalos en un bol con aceite, pimentón y un poco de perejil picado. Bate la mezcla e incorpora las alas, úntalas bien y colócalas en una bandeja de hornear. Asa en el horno a 200º C, durante 15 minutos.

Corta el brécol en ramilletes, escáldalos durante 4 minutos en agua hirviendo con sal y escúrrelos. Pasa los ramilletes de brécol por huevo batido y fríelos en una sartén con aceite caliente.

Retíralos y escúrrelos en un plato forrado con papel absorbente de cocina. Sirve en una fuente, colocando en el centro los ramilletes de brécol y alrededor las alitas. Adorna con una ramita de perejil.

Limpia las alas de pollo, retírales la punta, córtalas en dos y salpimiéntalas.

Bate la mezcla e incorpora las alas, úntalas bien y colócalas en una bandeja de hornear.

Pasa los ramilletes de brécol por huevo batido y fríelos.

Sirve en una fuente, colocando en el centro los ramilletes de brécol.

Temporada

Verano

Bebida

Rosado

Consejo de Karlos

Para saber si el aceite ha alcanzado la temperatura ideal para freír (180ºC), basta con echar un trocito de pan. Si el aceite burbujea, pero sin humear, estará a punto.

POLLO ASADO CON FINAS HIERBAS

Ingredientes

1 pollo de 1.500 gr.
1/2 kg. de hongos
8 lonchas de panceta
1 cebolleta
3 dientes de ajo
tomillo, romero, cebollino
harina de maíz refinada
agua
aceite de oliva virgen
1/2 vaso de vinagre
sal
perejil picado

Elaboración

Limpia el pollo. Sazónalo por dentro y por fuera y colócalo en una fuente de horno. Mete dentro media cebolleta, dos dientes de ajo, una rama de tomillo, una de romero y unas ramas de cebollino. Coloca otras fuera. Después, rocía con un chorro de aceite y uno de vinagre. Introdúcelo en el horno a 200º C durante 50-60 minutos aproximadamente. Durante la cocción añade un vaso de agua para que no se seque.

Cuela la salsa resultante a un cazo pequeño y lígalo con un poco de harina de maíz refinada disuelta en agua. Añade un poco de perejil picado.

Corta las lonchas de panceta y colócalas en una sartén a fuego suave para que vayan soltando la grasa. Pica finamente el resto de la cebolla y el ajo e incorpóralos a la sartén. Deja que de doren un poco.

Mientras tanto limpia los hongos, filetéalos e incorpóralos. Guísalos a fuego suave durante 10 minutos. Espolvorea con perejil. Sirve en una bandeja los hongos y en otra el pollo salseado.

Condimenta el pollo.

Cuela la salsa resultante a un cazo pequeño y lígala.

Corta las lonchas de panceta y colócalas en una sartén a fuego suave.

Guisa los hongos a fuego suave.

Temporada

Verano

Bebida

Cava

CONSEJO DE KARLOS

Si tenéis hierbas aromáticas en casa, no las guardéis en una bolsa de plástico, ya que se pudren, ni en un frasco de cristal, porque pierden su sabor y color. Lo mejor es conservarlas en sal. No se olvidéis enjuagarlas antes de utilizarlas. Podéis guardar la sal para condimentar otros platos.

PIMIENTOS RELLENOS DE CODORNIZ

Ingredientes

4 codornices
4 pimientos morrones
1 manzana
1 copita de brandy
tomillo
harina de maíz refinada
agua
aceite de oliva virgen
sal
perejil picado

Elaboración

Limpia bien los pimientos, retira los tallos y la pepitas.
Limpia bien las codornices por dentro y por fuera. Sazónalas. Pela la manzana y córtala en gajos, introduce dentro de cada codorniz, un gajo de manzana. Rellena cada pimiento con una codorniz, una ramita de tomillo y un chorrito de brandy.

Colócalos sobre una placa de horno, rocíalos con aceite y sazónalos. Introduce en el horno previamente calentado a 200ºC durante 30-35 minutos.

Cuando los pimientos estén hechos, sácalos a un plato, espera a que templen y pélalos, teniendo cuidado para que no se rompan. Resérvalos en el horno a 100ºC hasta el momento de servir.

Calienta en una cazuela la salsa que han desprendido los pimientos, añade un poco de perejil picado y un poco de harina de maíz refinada diluida en agua hasta conseguir el espesor deseado. Deja que reduzca un poco. En el momento de servir, salsea bien los pimientos.

Limpia bien las codornices por dentro y por fuera.

Rellena cada pimiento con una codorniz, una ramita de tomillo y un chorrito de brandy.

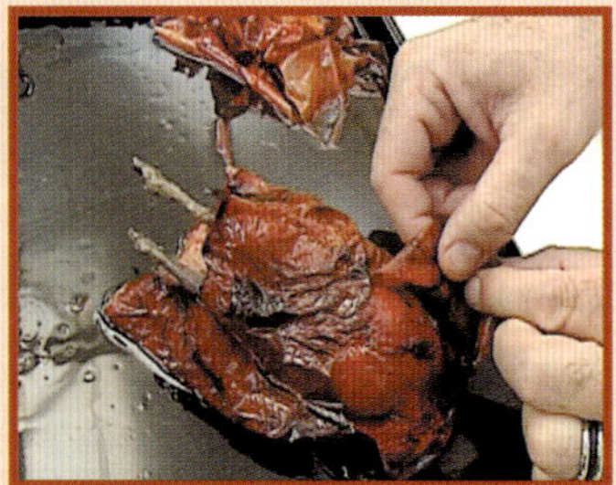

Cuando los pimientos estén hechos, pélalos.

Calienta en una cazuela la salsa que han desprendido los pimientos y espésala.

Temporada

Otoño

Bebida

Tinto crianza

Consejo de Karlos

La codorniz ha dado origen a interesantes platos: en cazuela, rellenas, en salsa, asadas o a la parrilla. Resultan deliciosas cocinadas con legumbres. Por ejemplo, un plato típico en Alava y Navarra es el de pochas con codornices.

POLLO CON PERAS

Ingredientes

1 pollo (1 kg. aprox.)
5 peras
1/2 vaso de caldo
1/2 vaso de vino blanco
3 dientes de ajo
harina de maíz refinada
sal
aceite de oliva virgen
cebollino

Elaboración

Limpia bien el pollo y sazónalo por dentro y por fuera. Coloca en el interior los dientes de ajo y una pera entera, sin pelar.

Pon el pollo en la placa del horno junto con el resto de las peras. Rocíalo con aceite, medio vaso de vino blanco y medio vaso de caldo. Introdúcelo en el horno a 180ºC. A los 20 minutos voltéalo (si hiciera falta, añade un poco más de caldo) y deja otros 20 minutos asando a la misma temperatura. Retira del horno, pasa las peras a un plato y el pollo a una fuente.

Raspa con una cuchara de palo la placa del horno y vierte el jugo a una cazuela. Diluye un poco de harina de maíz refinada en agua fría e incorpórala para espesarlo.

Trocea el pollo y colócalo en una fuente. Trocea las peras y colócalas a un lado de la fuente. Vierte la salsa por encima. Para decorar, espolvorea con el cebollino limpio y picado.

Coloca en el interior del pollo los dientes de ajo y una pera entera, sin pelar.

Rocía el pollo con aceite, medio vaso de vino blanco y medio vaso de caldo.

Vierte el jugo de la placa a una cazuela y espésala.

Trocea el pollo y colócalo en una fuente.

Temporada

Invierno

Bebida

Tinto reserva

Consejo de Karlos

Un truco culinario que te permitirá proporcionar mucho mas sabor al pollo, consiste en inyectarle brandy con una jeringuilla. Así, mientras se cuece, la carne del interior tambien cogerá el gusto.

POLLO A LA NARANJA

Ingredientes

1 pollo
3 naranjas
3 dientes de ajo
1 tomate
1cebolla
2 zanahorias
1 pimiento verde
caldo de gallina
vino tinto
aceite de oliva virgen
sal
perejil

Elaboración

Prepara el pollo para asar. Límpialo bien por dentro y sazónalo. Corta una naranja en 4 trozos e introdúcelos en su interior. Colócalo en la placa del horno con un poco de aceite.

Corta el tomate, el pimiento verde, la cebolla, las zanahorias y los ajos y ponlos encima del pollo. Vierte encima el vino tinto, el caldo de gallina y el zumo de 2 naranjas.

Mételo en el horno a 180º-200ºC durante 50-60 minutos. Tras 20 minutos, si está seco añade un poco de caldo o de zumo de naranja. Retira el pollo del horno, escúrrelo y colócalo en un plato.

Pasa la verdura y la salsa por el pasapurés y salsea el pollo. Adorna con una ramita de perejil.

Corta una naranja en 4 trozos e introdúcelos en el pollo.

Vierte encima el vino tinto, el caldo de gallina y el zumo de 2 naranjas.

Retira el pollo del horno, escúrrelo y colócalo en un plato.

Pasa la verdura y la salsa por el pasapurés y salsea el pollo.

Temporada

Invierno

Bebida

Cava

CONSEJO DE KARLOS

Para eliminar la grasa de un caldo es necesario dejarlo enfriar y meterlo después en el frigorífico. Así se formará una capa sólida en la superficie y se podrá retirar la grasa con facilidad.

CODORNICES CON TOMATE

Ingredientes

8 codornices
4 tomates
1 cebolla
2 dientes de ajo
1 pimiento verde
1 hoja de laurel
2-3 ramas de tomillo
pimienta negra molida
aceite de oliva virgen
sal
perejil

Elaboración

Salpimienta las codornices y fríelas brevemente (para que se doren) en una cazuela con un poco de aceite. A continuación, sácalas a un plato y resérvalas.

Pica la cebolla, el pimiento, los tomates y los dientes de ajo. Fríe todo en el mismo aceite donde hemos frito las codornices durante 15 minutos. Añade la hoja de laurel y la rama de tomillo y una pizca de sal.

Cuando las verduras estén hechas incorpora las codornices y cocínalas a fuego suave durante 30 minutos.

A continuación, coloca las codornices en un plato grande. Pasa las verduras por el pasapurés y viértelo sobre las codornices. Decora con una rama de perejil y otra de tomillo.

Salpimienta las codornices y fríelas brevemente.

Pica la cebolla, el pimiento, los tomates y los dientes de ajo.

Cuando las verduras estén hechas incorpora las codornices y cocínalas.

Pasa las verduras por el pasapurés y viértelo sobre las codornices.

Temporada

Verano

Bebida

Tinto crianza

CONSEJO DE KARLOS

El laurel es una de las especias mas consumidas en la cocina, pero debe utilizarse con moderación para que no altere los sabores. El preferible el laurel seco, porque es menos fuerte. Media hoja de laurel fresco equivale a 3 hojas de laurel seco.

PECHUGA DE PATO LACADO

Ingredientes

2 pechugas de pato
4 cucharadas de miel
1 cucharada de salsa de soja
1 cucharada de ketchup
2 manzanas
12 ciruelas pasas sin hueso
aceite de oliva virgen
sal
perejil

Elaboración

Mezcla en un bol pequeño la miel, el ketchup y la soja. Sazona las pechugas y por la parte de la grasa márcalas con un cuchillo, formando rombos. Con la ayuda de un pincel, úntalas con la mezcla. Colócalas sobre la parrilla del horno, es importante que pongas debajo una bandeja de horno para que recoja la grasa que vayan soltando. Asalas durante 10 minutos (5 por cada lado) en el horno a 180ºC.

Limpia las manzanas, retírales el corazón, pélalas, trocéalas y ponlas a cocer en un cazo con un poco de agua y sal hasta que se deshagan.

En una sartén con un poco de aceite, saltea las ciruelas pasas sin hueso.

Para servir, filetea las pechugas y acompaña con el puré de manzana y las ciruelas. Adorna con una rama de perejil.

Sazona las pechugas y por la parte de la grasa márcalas con un cuchillo, formando rombos.

Limpia las manzanas, retírales el corazón, pélalas, trocéalas y ponlas a cocer.

Filetea las pechugas.

Acompaña con el puré de manzana y las ciruelas.

Temporada

Invierno

Bebida

Tinto reserva

CONSEJO DE KARLOS

El pato es un alimento que ha aumentado su consumo. Puede prepararse de diferente maneras. Pero, sea cual sea el cocinado, siempre debe conseguirse que la carne quede tierna. Debe hacerse de forma que quede sonrosada por dentro. De esta manera se conseguirá una carne jugosa. Si el pato se hace demasiado, quedara muy dura.

BOCADITOS DE PIMIENTO Y POLLO

Ingredientes

16 pimientos verdes pequeños
2 pechugas de pollo
16 lonchas de jamón ibérico
aceite de oliva virgen
pimienta negra, sal

Para el puré de patatas:
3 patatas grandes
1 yema de huevo
1 nuez de mantequilla
1/2 vaso de leche
agua, sal

Elaboración

Pela, trocea y cuece las patatas en agua con sal durante 15-20 minutos. Escúrrelas y pásalas por el pasapurés, añade la yema de huevo, la mantequilla, la leche y mezcla bien.

Limpia, corta las pechugas en 12 filetes y salpimiéntalos. Enrolla los filetes alrededor de los pimientos, pincha con un palillo y fríelos a fuego fuerte sin que se hagan del todo.

Sácalos de la sartén y escúrrelos. Corta el rabito y retira las pepitas de los pimientos.

Introduce el puré en una manga pastelera y rellena los pimientos. Colócalos sobre una placa e introduce en el horno 3 minutos a 180ºC, para calentarlos. Para servir, coloca el jamón ibérico en el fondo de la bandeja y encima los bocaditos rellenos.

Prepara el puré de patatas.

Enrolla los filetes de pechuga alrededor de los pimientos.

Fríelos a fuego fuerte sin que se hagan del todo.

Introduce el puré en una manga pastelera y rellena los pimientos.

Temporada

Verano

Bebida

Rosado

CONSEJO DE KARLOS

Las patatas deben cocerse en agua fría y dejar que el agua se caliente gradualmente hasta que empiece a hervir. Es la mejor manera de cocer las patatas sin temor a que se abran o se rompan durante su exposición al fuego.

PECHUGA DE PAVO CON TOSTADAS Y TOMATE

Ingredientes

1 kilo de pechuga de pavo
2 cucharadas de pimentón dulce
8 rebanadas de pan
2 tomates
1 cucharadita de albahaca picada
1 1/2 l. caldo de ave
aceite de oliva
sal

Elaboración

Con la ayuda de un cuchillo abre la pechuga de pavo como si fuera un libro. Estírala y sazónala con sal y pimentón. Colócala sobre un trapo y envuélvela bien. Ata con una cuerda, cerrando bien los extremos. Introduce en una cazuela con el caldo y cuece durante 25 minutos a fuego lento. Retira del caldo y deja enfriar. Cuando esté templado, corta en rodajas finas.

Coloca las rebanadas de pan en una placa e introduce en el horno a fuego suave para que se tuesten lentamente.

Pela los tomates y córtalos en daditos. Colócalos en un bol con la albahaca, un chorro de aceite y una pizca de sal. Mezcla suavemente.

Para servir, coloca en un plato las rebanadas de pan, encima los dados de tomate, las rodajas de pavo y salsea.

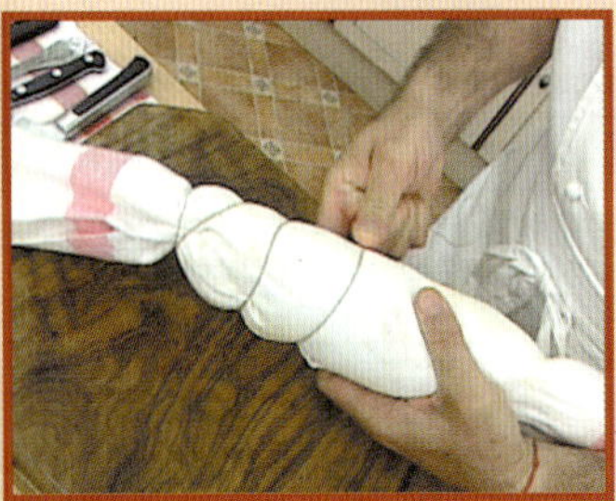

Coloca la pechuga sobre un trapo y envuélvela bien.

Introduce en una cazuela con el caldo y cuece durante 25 minutos a fuego lento.

Pela los tomates y córtalos en daditos.

Coloca en un plato las rebanadas de pan, encima los dados de tomate, las rodajas de pavo y salsea.

Temporada

Verano

Bebida

Blanco joven

CONSEJO DE KARLOS

El pavo tiene un sabor algo insípido y no a todo el mundo le gusta. Para que quede más sabroso, podéis macerarlo toda la noche en una fuente con una copa de brandy, dos dientes de ajo partidos por la mitad y unas ramitas de perejil bien fresco. Resultará mucho mas sabroso.

rodaballo al azafrán

dorada en sartén

sardinas en costra de pan

bonito con calamares

perlón en salsa verde

truchas con cebolla

lubina con patatas

almejas a la marinera

cigalas salteadas
con hojas de lechuga

pescados y mariscos

rodaballo relleno de txangurro

merluza en salsa roja

bacalao al pil-pil

chicharro (jurel) al horno

anchoas con cebolla

kokotxas salteadas

moluscos al azafrán

RODABALLO AL AZAFRAN

Ingredientes

2 rodaballos de 500 gr.
3 patatas
1 pizca de azafrán
1 vaso de cava
harina de maíz refinada
agua
perejil
aceite de oliva virgen
sal
pimienta

Elaboración

Pide en la pescadería que te fileteen los rodaballos. Guarda las espinas y las cabezas. Para el caldo pon las espinas y las cabezas en una olla con agua, una pizca de sal y una rama de perejil. Deja cocer durante 8-10 minutos.

Salpimienta los filetes de rodaballo y colócalos en una bandeja de hornear con un poco de aceite. Introduce en el horno a 200ºC, durante 10-12 minutos.

Cuela el caldo, añade la pizca de azafrán, el vaso de cava y deja reducir. Para engordar la salsa, añade un poco de harina de maíz diluída en agua.

Para hacer tortas, pela las patatas y córtalas en láminas finas. Sazónalas y colócalas circularmente (apoyando una sobre otra) por todo el fondo de la sartén. Cuando se dore, voltea hasta que se haga por el otro lado.
Sirve en cada plato una torta de patata, encima el filete de rodaballo y salsea. Adorna con una ramita de perejil.

Salpimienta los filetes de rodaballo y colócalos en una bandeja de hornear.

Cuela el caldo, añade la pizca de azafrán, el vaso de cava y deja reducir.

Para hacer tortas, pela las patatas y córtalas en láminas finas.

Sirve en cada plato una torta de patata, encima el filete de rodaballo y salsea.

Temporada

Otoño

Bebida

Cava

CONSEJO DE KARLOS

Una vez limpio de escamas, aletas, etc, el pescado no debe lavarse porque pierde sabor y al cocinarlo quedará seco. Sólo será necesario secarlo con un paño limpio o papel de celulosa.

DORADA EN SARTEN

Ingredientes

2 doradas de 1/2 kg.
1 tomate
20 espárragos verdes
1 lechuga
1 lechuga morada
aceite de oliva virgen
vinagre de Módena
pimienta
sal

Elaboración

Pide en la pescadería que te fileteen las doradas. Salpimienta los filetes y fríelos por los dos lados en una sartén con un poco de aceite.

Limpia bien las lechugas. Para ello déjalas en remojo con unas gotas de vinagre. Pasa hoja a hoja por el grifo, escúrrelas bien y trocéalas. Reserva en una fuente. A la hora de servir, aliña con aceite, vinagre y sal.

Para la vinagreta, pela el tomate, córtalo en dados, colócalo en un bol, añade un poco de aceite, un chorrito de vinagre de Módena y sal.

Limpia los espárragos, retírales el tallo, sazónalos y saltéalos brevemente en una sartén con un poco de aceite. Sirve en una fuente, los filetes de dorada y acompaña de los espárragos y las lechugas aliñadas con la vinagreta.

Salpimienta los filetes y fríelos por los dos lados.

Limpia bien las lechugas.

Prepara la vinagreta.

Limpia los espárragos, retírales el tallo, sazónalos y saltéalos.

Temporada

Primavera

Bebida

Blanco crianza

CONSEJO DE KARLOS

De la misma forma que la carne no se debe hacer demasiado, tampoco conviene pasarse en la cocción del pescado porque la carne pierde su jugo y queda muy seca.

SARDINAS EN COSTRA DE PAN

Ingredientes

12 sardinas
1/2 barra de pan duro
2 puerros
3 dientes de ajo
1/2 vaso de caldo de carne
1 cucharada de zumo de limón
100 gr. de mantequilla
aceite de oliva virgen
sal
perejil picado

Elaboración

Limpia los puerros, córtalos en juliana fina y ponlos en una sartén a pochar. Limpia las sardinas, retírales la espina central y ábrelas.

Retira la corteza del pan y ralla la miga. Sazona las sardinas y rebózalas con la miga. Pon aceite en una sartén, añade 2 dientes de ajo sin pelar y fríe las sardinas, medio minuto por cada lado.

Para la meuniere, pon un cazo al fuego, incorpora la mantequilla, 1 diente de ajo cortado en láminas, el caldo de carne y el zumo de limón. Deja reducir brevemente y espolvorea con perejil picado.

Sirve las sardinas alrededor de una fuente, en el centro coloca el puerro pochado y salsea con la meuniere.

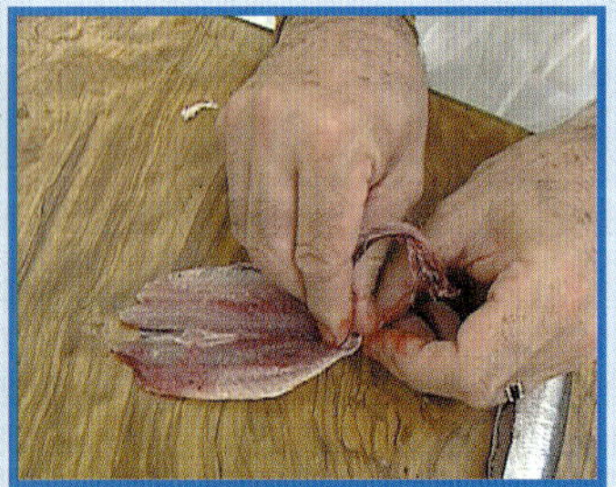

Limpia las sardinas, retírales la espina central y ábrelas.

Retira la corteza del pan y ralla la miga. Sazona las sardinas y rebózalas con la miga.

Prepara la meuniere.

Sirve las sardinas alrededor de una fuente, en el centro coloca el puerro pochado y salsea con la meuniere.

Temporada

Verano

Bebida

Tinto crianza

CONSEJO DE KARLOS

Para freír sardinas y no sufrir el olor, antes de freírlas, hay que secarlas bien. Después, espolvorearlas con tomillo, sal y un poco de vinagre. Esperar unos minutos, rebozarlas con harina y freírlas.

BONITO CON CALAMARES

Ingredientes

1 kg. de bonito limpio
4 calamares
2 cebollas
1 tomate
1 pimiento verde
6 dientes de ajo
(2 sin pelar)
harina
2 huevos
agua
aceite de oliva virgen
sal

Elaboración

Limpia los calamares, trocea los cuerpos y deja los tentáculos unidos a las cabezas. Disuelve las tintas en un vasito con un poco de agua y sal. Reserva.

Limpia, pica la verdura (cebollas, tomate, pimiento y ajos) y ponla a pochar. Cuando esté doradita incorpora los cuerpos de calamar troceados, la tinta y un poco de agua. Sazona y cuece en la olla rápida durante 10 minutos. Cuando esté hecho, retira los trozos de calamar y tritura la salsa con una batidora. Mezcla la salsa con los calamares y reserva.

Corta el bonito en rodajas, sazónalas y rebózalas con harina y huevo batido. Fríelas en aceite bien caliente, vuelta y vuelta. Fríe los tentáculos en una sartén con aceite y dos ajos sin pelar.

Para servir, coloca en el fondo de la bandeja los calamares en salsa, encima las rodajas de bonito y decora con los tentáculos.

Pocha la verdura. Incorpora los calamares, la tinta y un poco de agua.

Corta el bonito en rodajas, sazónalas y rebózalas con harina y huevo batido.

Fríelas en aceite bien caliente.

Coloca en el fondo de la bandeja los calamares en salsa.

Temporada

Verano

Bebida

Txakolí

CONSEJO DE KARLOS

Cuando queráis preparar calamares rellenos, al limpiarlos hay que darles la vuelta y rellenarlos así, del revés. De esta forma no se escapará el relleno durante la cocción y no hará falta cerrarlos con un palillo.

PERLON EN SALSA VERDE

Ingredientes

1 perlón grande (1.200 gr. aprox.)
1 cebolleta, 2 dientes de ajos
150 gr. de guisantes o tirabeques
4 espárragos en conserva
1/2 vaso de vino blanco
1 cucharada de harina
aceite de oliva virgen
sal, perejil picado

Para el fumet : cabeza y cola del perlón, 1/2 cebolla, 1 puerro, 1 rama de perejil, agua, sal

Elaboración

Limpia el perlón, córtalo en rodajas y resérvalas.

Coloca la cabeza y la cola en una cazuela con agua. Añade la media cebolla, el puerro limpio y la rama de perejil. Sazona y deja cocer durante 15 minutos.

En otra cazuela cuece los tirabeques durante 10 minutos.

Pica finamente la cebolleta y los ajos y ponlos a dorar en una cazuela. Añade un poco de harina y rehoga brevemente. Sazona las rodajas de pescado e incorpóralas. Añade el vino blanco, 2-3 cacitos de fumet, los tirabeques y los espárragos cortados por la mitad. Cocina brevemente, voltea las rodajas de pescado, espolvorea con perejil picado y sirve.

Limpia el perlón, córtalo en rodajas y resérvalas.

Coloca la cabeza y la cola en una cazuela con agua.

Dora la cebolleta y los ajos. Rehoga un poco de harina. Incorpora las rodajas de pescado.

Añade el vino blanco, 2-3 cacitos de fumet, los tirabeques y los espárragos cortados por la mitad.

Temporada

Primavera

Bebida

Blanco joven

CONSEJO DE KARLOS

Para conservar en buen estado el perejil, nada más comprarlo se limpian un par de cabezas de ajo y se pasan junto con las ramas de perejil y aceite crudo por la batidora. Se guarda en un frasco de cristal en el frigorífico, donde se conservará durante un mes aproximadamente.

TRUCHAS CON CEBOLLA

Ingredientes

4 truchas de 200 gr.
1 cebolla
2 patatas
1 tomate
5 hojas de albahaca
2 dientes de ajo
2 limones
aceite de oliva virgen
vinagre
sal

Elaboración

Para la vinagreta, pela y pica finamente el tomate (si es grande bastará con la mitad), pica las hojas de albahaca y coloca todo en un bol. Añade aceite, vinagre y sal a tu gusto y deja macerar.

Para las tortas de patata, pela las patatas, córtalas en rodajas finas. Pon en una sartén pequeña un poco de aceite y dispón las rodajas de patata por el fondo formando una flor. Dora por un lado y con mucho cuidado voltea. Repite la operación hasta conseguir 4.

Pela, corta la cebolla en juliana fina y rehógala en otra sartén.

Limpia y filetea las truchas. Pela los ajos, córtalos en láminas y ponlos a dorar en una sartén con aceite. Añade los filetes de trucha sazonados y fríelos brevemente por los dos lados (primero con la piel hacia arriba). Sirve en cada plato una torta, 2 filetes de trucha, un poco de cebolla pochada y decora con medio limón. Salsea con la vinagreta.

Prepara la vinagreta.

Para las tortas de patata, pela las patatas, córtalas en rodajas finas.

Pela, corta la cebolla en juliana fina y rehógala en otra sartén.

Dora los ajos. Añade los filetes de trucha sazonados.

Temporada

Verano

Bebida

Rosado

CONSEJO DE KARLOS

A la trucha se le conoce también como el “camaleón de río” debido a su capacidad de mimetismo. Su colorido puede variar según la estación, la luz del sol, la edad o el estado de ánimo. Además cuando la trucha se ve acorralada o en peligro, su coloración cambia repentinamente.

LUBINA CON PATATAS

Ingredientes

1 lubina de 1.200 gr.
2-3 patatas
1 pimiento verde
1 tomate
1 cebolla
2 dientes de ajo
1 vaso de vino blanco
agua
aceite de oliva virgen
sal
pimienta
perejil

Elaboración

Coloca sobre la bandeja de horno, las patatas cortadas en rodajas finas. Corta la cebolla, el pimiento y el tomate pelado en juliana fina y filetea los ajos. Añádelos a la fuente, riega con un buen chorro de aceite, un vaso de vino blanco y sazona. Introduce en el horno a 200ºC, durante 10-15 minutos.

Limpia la lubina, retírale la cabeza y filetéala. Pon la cabeza, las espinas, una rama de perejil y una pizca de sal en una cazuela con agua y prepara un caldo (10 minutos aproximadamente).

Salpimienta la lubina, colócala sobre las verduras. Rocía con un poco de caldo y un buen chorro de aceite e introduce al horno a 220ºC durante 10 minutos.

Sirve las verduras en el fondo de una fuente y encima la lubina. Añade un poco de perejil picado a los jugos que han soltado las verduras y el pescado, remueve bien y salsea.

Corta la cebolla, el pimiento y el tomate pelado, en juliana fina y filetea los ajos.

Añádelos a la fuente, riega con un buen chorro de aceite, un vaso de vino blanco y sazona.

Limpia la lubina, retírale la cabeza y filetéala.

Salpimienta la lubina, colócala sobre las verduras. Rocía con un poco de caldo.

Temporada

Verano

Bebida

Blanco crianza

CONSEJO DE KARLOS

Si por un error se han pelado demasiadas patatas no hay que tirarlas. Se ponen en un recipiente con agua fría y se le añaden unas cuantas gotas de vinagre.

ALMEJAS A LA MARINERA

Ingredientes

1 kg. de almejas
1 cebolleta
2 dientes de ajo
1 cucharada de harina
1 vaso de vino blanco
aceite de oliva virgen
perejil picado

Elaboración

Coloca las almejas en una fuente con abundante agua para que suelten la suciedad (arena). Pica finamente la cebolleta y los ajos.

Rehoga la verdura en una sartén con un chorro de aceite.

Cuando esté a punto, añade la harina y mezcla bien hasta que quede completamente disuelta.

Incorpora el vino blanco y las almejas y mantén en el fuego hasta que se abran. Espolvorea con el perejil, mueve bien y sirve.

Coloca las almejas en una fuente con abundante agua para que suelten la suciedad (arena).

Incorpora el vino blanco y las almejas y mantén en el fuego hasta que se abran.

Espolvorea con el perejil, mueve bien.

Sirve.

Temporada

Invierno

Bebida

Blanco crianza

CONSEJO DE KARLOS

Si a la hora de preparar las almejas, hay alguna que no se abre, hay que retirarla del guiso, pueden estar llenas de arena o encontrarse en mal estado y no sirven mas que para estropear un plato.

CIGALAS SALTEADAS CON HOJAS DE LECHUGA

Ingredientes

12 cigalas medianas
1 lechuga
1 diente de ajo
aceite de oliva virgen
sal

Elaboración

Pela las cigalas, retirando la cabeza y el caparazón de las colas. Córtalas por la mitad a lo largo y sazónalas.

Limpia bien la lechuga y córtala en juliana fina.

Pela y pica el ajo en láminas finas.

Pon un poco de aceite en una sartén, añade el ajo, dóralo un poco e incorpora las colas de cigala y las hojas de lechuga. Saltea todo brevemente y sirve.

Pela las cigalas, retirando la cabeza y el caparazón de las colas.

Pon un poco de aceite en una sartén, añade el ajo, dóralo un poco e incorpora las colas de cigala...

...y las hojas de lechuga.

Saltea todo brevemente y sirve.

Temporada

Invierno

Bebida

Cava

CONSEJO DE KARLOS

Para combrobar que las cigalas están frescas, hay que fijarse en que el caparazón sea rosáceo, resistente y brillante. Los ojos también deben ser brillantes y de intenso color negro. El olor debe ser agradable, sin que recuerde a amoniaco. Los ejemplares deben estar intactos, con las patas bien sujetas al cuerpo.

RODABALLO RELLENO DE TXANGURRO

Ingredientes

2 rodaballos medianos
1 txangurro (centollo) cocido y desmigado
1 cebolla grande
2 patatas medianas
1 vaso de agua,
1 rama de perejil
aceite de oliva virgen, sal

Para la provenzal:, 1 diente de ajo picado, 1 cucharada de perejil picado, 3 cuch. de pan rallado

Elaboración

Limpia los rodaballos, retirándoles las tripas y las espinas laterales. Pela y corta las patatas en rodajas finas. Pon las rodajas de patata sobre la fuente de horno y coloca encima los rodaballos (previamente sazonados). Rocíalos con un buen chorro de aceite y un vaso grande de agua e introdúcelos en el horno a 180ºC, durante 25 minutos.

Mientras tanto prepara el relleno, para ello pica la cebolla finamente y ponla a pochar en una sartén con un poco de aceite. Cuando esté dorada incorpora la carne del txangurro y rehoga bien. Retira de la sartén y reserva.

Retira los rodaballos del horno, y con mucho cuidado, córtalos por la parte superior (a la altura de la espina central), separa los lomos y retira las espinas centrales. Rellénalos y ciérralos de nuevo.

En un plato, mezcla los ingredientes de la provenzal y espolvorea los rodaballos. Introdúcelos de nuevo en el horno para gratinar. En 2-3 minutos estarán listos. Sirve en una bandeja con las patatas y adorna con una rama de perejil.

Pon las rodajas de patata sobre la fuente de horno y coloca encima los rodaballos.

Cuando esté dorada la cebolla incorpora la carne del txangurro y rehoga bien.

Rellena losrodaballos y ciérralos de nuevo.

En un plato, mezcla los ingredientes de la provenzal y espolvorea los rodaballos.

Temporada

Verano

Bebida

Tinto crianza

CONSEJO DE KARLOS

Si quieres que lo que vayas a cocinar en el horno no tome el sabor del plato cocinado anteriormente, pon unas cáscaras de limón en el horno mientras se calienta.

MERLUZA EN SALSA ROJA

Ingredientes

4 trozos de merluza
300 g. de almejas
4 dientes de ajo
1 cebolla
1 pimiento morrón
1/2 vaso de vino blanco
1/2 vaso de caldo de pescado
harina
aceite de oliva virgen
sal
perejil picado

Elaboración

Coloca en la placa del horno el pimiento morrón sazonado y untado con aceite. Asa el pimiento en el horno a 180ºC durante 20 minutos. Cuando esté hecho, pélalo. Con la mitad haz puré con un poco del caldo de pescado y con la otra mitad haz tiras.

En una cazuela de barro dora el ajo y la cebolla finamente picados. Añade las almejas, una cucharada de harina y mezcla todo bien para quitar el sabor de la harina.

Sazona los trozos de merluza por los dos lados, pásalos por harina e incorpóralos a la cazuela. Vierte medio vaso de vino blanco y el resto del caldo de pescado. Deja cocer durante 4-5 minutos a fuego lento (si se seca, añade un poco de agua o de caldo de pescado). Voltea los trozos de merluza, añade el puré del pimiento y mezcla.

Coloca las rodajas de merluza y las almejas en un plato y vierte la salsa por encima. Adorna con las tiras del pimiento morrón y el perejil.

Coloca en la placa del horno el pimiento morrón sazonado y untado con aceite.

Añade las almejas, una cucharada de harina y mezcla todo bien.

Sazona los trozos de merluza por los dos lados, pásalos por harina e incorpóralos a la cazuela.

Voltea los trozos de merluza, añade el puré del pimiento y mezcla.

Temporada

Otoño

Bebida

Tinto reserva

CONSEJO DE KARLOS

Para conservar los ajos es interesante tener un tarro especial con agujeros, de forma que el aire circule a su alrededor. Si no lo tenéis, podéis colocar los ajos en un platillo y cubrirlos con una maceta de barro con agujero de drenaje en la base.

BACALAO AL PIL-PIL

Ingredientes

4 tajadas de bacalao
5 dientes de ajo
1 guindilla
aceite de oliva virgen

Elaboración

En una cazuela con abundante aceite dora los dientes de ajo. Cuando estén dorados, retíralos y resérvalos en un plato. Trocea la guindilla y fríela brevemente en el mismo aceite. Retírala y reserva junto con los ajos.

En el mismo aceite, pon a hacer las tajadas de bacalao con la piel hacia arriba. Dales la vuelta y cuando estén hechos sácalos de la cazuela y resérvalos.

Deja templar el aceite 4 ó 5 minutos. Añade el líquido que han soltado las tajadas de bacalao y con la ayuda de un colador y realizando movimientos circulares, lígalo hasta que quede una salsa espesa y consistente.

Sirve la salsa en el fondo de la fuente y coloca encima las tajadas de bacalao. Decora con los ajos y las rodajas de guindilla.

Cuando estén dorados los ajos, retíralos y resérvalos en un plato.

En el mismo aceite, pon a hacer las tajadas de bacalao con la piel hacia arriba.

Deja templar el aceite. Añade el líquido que han soltado las tajadas de bacalao y lígalo.

Sirve la salsa en el fondo de la fuente y coloca encima las tajadas de bacalao.

Temporada

Otoño

Bebida

Tinto crianza

CONSEJO DE KARLOS

Para elegir un buen bacalao salado, buscaremos uno de color blanco. Nunca debe ser ni amarillento ni con tonos rojizos. Además de blanco debe ser translúcido (si ponemos la mano entre el bacalao y un foco potente, debe verse la silueta de la mano), además el bacalao debe ser flexible.

CHICHARRO AL HORNO

Ingredientes

4 chicharros
2 tomates
1 patata
pimienta negra molida
aceite de oliva virgen
sal
perejil picado

Elaboración

Pela la patata, córtala en rodajas y fríela en una sartén con aceite, durante 2-4 minutos. Colócalas sobre una bandeja de horno.

Pela los tomates, córtalos en rodajas y colócalas encima de las patatas.

Limpia los chicharros, filetea y salpimiéntalos por los dos lados y colócalos en una "cama" de patatas y tomate. Rocía con aceite e introduce en el horno a 180ºC durante 10 minutos.

Sirve los chicharros y las patatas en una fuente amplia. Raspa y mezcla bien la salsa que queda en la fuente de horno y vierte sobre los chicharros.

Pela la patata, córtala en rodajas y fríela en una sartén con aceite, durante 2-4 minutos.

Pela los tomates, córtalos en rodajas y colócalas encima de las patatas.

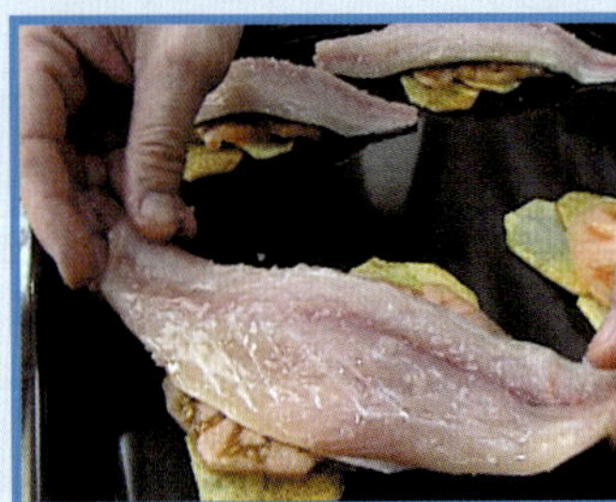

Limpia los chicharros, filetea, salpimiéntalos y colócalos en una "cama" de patatas y tomate.

Sirve los chicharros y las patatas en una fuente amplia.

Temporada

Primavera

Bebida

Tinto joven

Consejo de Karlos

A la hora de asar un pescado entero, no es bueno practicarle cortes en los lomos porque se seca y pierde aroma, sabor y jugosidad. Durante el asado, es conveniente regarlo con sal, aceite de oliva y vinagre de vino. Poco antes de servir, se quitarán las espinas y se condimentará con un refrito de ajo y vinagre quemado.

ANCHOAS CON CEBOLLA

Ingredientes

2 docenas de anchoas
1 cebolla roja
1 cebolla blanca
un poco de pimentón
3 dientes de ajo
1 vaso de txakolí
aceite de oliva virgen
sal
perejil picado

Elaboración

Pica finamente la cebolla roja y la blanca. Dóralas en la sartén con un poco de sal y aceite.

Corta los dientes de ajo en láminas y añádelos a la sartén. Añade txakolí y un poco de pimentón.

Limpia las anchoas y ponlas en la sartén.

Agrega un poco más de aceite y el perejil picado. Tápalas y hazlas a fuego fuerte durante 3 minutos y sirve.

Pica finamente la cebolla roja y la blanca. Dóralas en la sartén.

Añade txakolí y un poco de pimentón.

Limpia las anchoas y ponlas en la sartén.

Agrega un poco más de aceite y el perejil picado.

Temporada

Primavera

Bebida

Txakolí

CONSEJO DE KARLOS

Si una salsa te queda demasiado salada, añade una cucharada de vinagre de sidra y otra de azúcar. La salsa quedará en su punto.

KOKOTXAS SALTEADAS

Ingredientes

800 gr. de kokotxas
2 zanahorias
2 puerros
3 cebollas pequeñas
1 pimiento verde
2 dientes de ajo
100 g de fideos
un cuarto de litro de caldo de verduras
1 guindilla
aceite de oliva virgen
sal
perejil picado

Elaboración

Pica en juliana las cebollas, los puerros, las zanahorias y el pimiento verde y dóralos en una cazuela con aceite durante 15 minutos. Sazona y cuando estén dorados, retira a un plato y reserva.

En la misma cazuela fríe los fideos y a continuación, añade el caldo caliente y las verduras doradas. Hierve todo durante 4-5 minutos hasta que el caldo se evapore.

Limpia y sala las kokotxas. Corta los ajos en láminas y la guindilla en trozos pequeños. Dora en una sartén y a continuación, añade las kokotxas, saltéalas y por último, espolvorea todo con perejil.

En una fuente sirve los fideos y las verduras, coloca las kokotxas y adorna con perejil.

Pica en juliana las cebollas, los puerros, las zanahorias y el pimiento verde.

En la misma cazuela fríe los fideos y a continuación, añade el caldo caliente y las verduras doradas.

Dora en una sartén los ajos y la guindilla y a continuación, añade las kokotxas,

En una fuente sirve los fideos y las verduras, coloca las kokotxas y adorna con perejil.

Temporada

Primavera

Bebida

Rosado

CONSEJO DE KARLOS

Las kokotxas corresponden a las protuberancias carnosas que presenta la parte baja de la cabeza. Sin ninguna duda es la parte más exquisita de la merluza. Se suelen preparar también en salsa verde, rebozadas o fritas.

MOLUSCOS AL AZAFRAN

Ingredientes

4 vieiras
12 mejillones
2 cebolletas
2 dientes de ajo
2 -3 puerros pequeños
1/2 vaso de vino blanco
1 cucharadita de azafrán
200 gr. de queso fresco
4 cucharadas de pan rallado
pimienta negra molida
agua, aceite de oliva virgen
sal
perejil picado

Elaboración

Limpia bien las vieiras, retirando las partes viscosas. Limpia los mejillones y pónlos a cocer con 1/2 vaso de agua para que se abran. Una vez abiertos, saca la carne y reserva el caldo.

Limpia los puerros y córtalos por la mitad a lo largo. Póchalos en una cazuela con un poco de aceite y sazónalos. Cuando estén pochados, incorpora el vino, el caldo de los mejillones y el azafrán. Deja que reduzca a fuego medio.

Pica las cebolletas y los dientes de ajo finamente y ponlos a pochar en una sartén con aceite. Salpimienta las vieiras e incorpóralas a la sartén, junto con los mejillones. Saltea brevemente.

Coloca en cada concha, un poco de puerro, una vieira (parte blanca y coral) y unos mejillones. En un bol mezcla el pan rallado con el queso desmigado. Agrega sobre cada vieira un poco de esta mezcla e introduce en el horno a gratinar durante 3 minutos. Retira del horno y espolvorea con perejil picado y sirve.

Una vez abiertos los mejillones, saca la carne y reserva el caldo.

Cuando estén pochados los puerros, incorpora el vino, el caldo de los mejillones y el azafrán.

Salpimienta las vieiras e incorpóralas a la sartén, junto con los mejillones.

Coloca en cada concha, un poco de puerro, una vieira y unos mejillones.

Temporada

Otoño

Bebida

Cava

Consejo de Karlos

El precio razonablemente económico del mejillón, no hay que relacionarlo con mala calidad, pues su sabor es exquisito y conserva toda la frescura del mar. Su economía hay que atribuirla a su abundancia y a la facilidad de su captura en casi todos los mares del mundo.

brazo de gitana

melón al horno

crema de albaricoque con chocolate

gazpacho de melón

flan de manzana

granizado de kiwi

brochetas de cítricos

tarta de higos

semifrío de piña

postres

peritas en dulce

tarta de la abuela

magdalenas de aceite de oliva

trufas de chocolate

BRAZO DE GITANA

Ingredientes

4 huevos
100 gr. de azúcar
100 gr. de harina
1 plátano, 2 albaricoques
3-4 cerezas
1/4 l. de nata montada
almíbar de melocotón
mermelada de fresas
mantequilla para untar el molde

Para decorar: natillas, grosellas, moras, canela en polvo y hojas de menta

Elaboración

Pon a calentar el horno a 170ºC. Coloca un papel de horno sobre la placa y úntalo con mantequilla fundida. Coloca los huevos en un bol, incorpora el azúcar y con una batidora de varillas móntalos hasta que la mezcla quede esponjosa. Añade la harina tamizada y mezcla suavemente con movimientos envolventes. Extiende la masa sobre la bandeja forrada con papel e introduce en el horno a 170ºC durante 15 minutos.

Mientras tanto, trocea la fruta en pedazos pequeños y mézclalos suavemente con la nata montada.

Cuando el bizcocho esté hecho, retira la bandeja del horno y suelta el bizcocho del papel con cuidado para que no se rompa.

Unta en la mitad del bizcocho con la mermelada y la otra mitad con el almíbar de melocotón. Rellénalo, dejando un lateral sin relleno para que en el momento de enrollar no se salga el relleno. Una vez enrollado, corta en rodajas y sirve las porciones en una bandeja. Adorna con unas natillas, grosellas, moras y unas hojas de menta.

Coloca los huevos en un bol, incorpora el azúcar y con una batidora de varillas móntalos.

Extiende la masa sobre la bandeja forrada con papel.

Rellena el bizcocho.

Enróllalo.

Temporada

Otoño

Bebida

Café

CONSEJO DE KARLOS

Para que un bizcocho esponje bien y después no pierda su volumen es fundamental que las claras y las yemas estén debidamente montadas. Tambien es aconsejable tamizar la harina antes de incorporarla a los huevos.

MELON AL HORNO

Ingredientes

1 melón
50 gr. de nueces
4 cucharadas de miel
1 lima, 1 rama de vainilla
2 cucharadas de azucar

Para el caramelo:
4 cucharadas de azúcar
unas gotas de zumo de limón
un chorrito de agua

Frambuesas para decorar

Elaboración

Pon los ingredientes del caramelo (azúcar, limón, agua) en una cazuela a fuego lento. Cuando esté hecho baña las nueces y sácalas a un papel de hornear. Vierte el caramelo restante sobre otro papel y deja que se enfríe.

Mezcla en un bol las 2 cucharadas de azúcar con la ramita de vainilla para que coja el aroma.

Corta los melones en lonchas, retírales la piel y las pepitas. Colócalas sobre una bandeja de hornear, espolvoréalas con el azúcar aromatizado con la vainilla y rocía con el zumo de lima. Introduce en el horno a 200ºC durante 6-8 minutos.

Sirve en una bandeja, rellena el centro de las rodajas con las nueces caramelizadas. Trocea el resto del caramelo y espolvorea las rodajas de melón. Riega todo con la miel y adorna con unas frambuesas.

Cuando esté hecho el caramelo baña las nueces y sácalas a un papel de hornear.

Mezcla en un bol las 2 cucharadas de azúcar con la ramita de vainilla para que coja el aroma.

Corta los melones en lonchas, espolvoréalas con el azúcar aromatizado con la vainilla

Sirve en una bandeja, rellena el centro de las rodajas con las nueces caramelizadas.

Temporada

Verano

Bebida

Cava

CONSEJO DE KARLOS

El melón es una fruta deliciosa que aporta una gran cantidad de agua. Su uso no se remite solo al consumo directo, sino que lo podemos encontrar en ensaladas y macedonias de frutas.

CREMA DE ALBARICOQUE CON CHOCOLATE

Ingredientes

1/2 kg. de albaricoques
4 cucharadas de azúcar
1/4 l. de nata montada
zumo de 1 limón
ralladura de 1 naranja
100 gr. de chocolate fondant

Para el merengue:
1 clara de huevo
2 cucharadas de azúcar

Para decorar: salsa de frutas rojas, frambuesas, grosellas, menta

Elaboración

Funde el chocolate al baño María o en el microondas sin nada de agua. Corta 8 tiras de acetato o plástico de las de carpeta de 5 x 15 centímetros y procede de la siguiente manera: en un extremo coloca un trozo de cinta adhesiva, dales la vuelta y extiende una capa gruesa de chocolate fundido. Cuando se enfríe un poco, une los extremos de plástico con la cinta adhesiva dejando el chocolate por dentro. Guarda unos minutos en el frigorífico. En el momento de montar el plato, retira el plástico con cuidado de no romper el molde de chocolate.

Limpia los albaricoques, retírales las pepitas y trocéalos. Colócalos en una cazuela con el azúcar y un poco de zumo de limón a fuego lento. Deja enfriar y tritura.

Con una batidora de varillas monta la clara de huevo con el azúcar hasta conseguir un merengue. Ralla la piel de naranja y mezcla con la nata montada. En un bol mezcla suavemente la crema de albaricoques, el merengue y la nata.

Coloca los moldecitos en un plato y rellénalos con la mezcla anterior. Adorna con un poco de salsa de frutas del bosque, unas frambuesas, grosellas y hojas de menta. Si no se va a consumir en el momento, reserva en el frigorífico hasta el momento de servir.

Une los extremos de plástico con la cinta adhesiva dejando el chocolate por dentro.

Coloca los albaricoques en una cazuela con el azúcar y el zumo de limón. Deja enfriar y tritura.

Ralla la piel de naranja y mezcla con la nata montada.

Coloca los moldecitos y rellénalos con la crema de albaricoques, el merengue y la nata mezclados.

Temporada

Verano

Bebida

Moscatel

Consejo de Karlos

Hay un dicho popular que dice que "no hay peor cosa que consumir albaricoques verdes", así que tenedlo en cuenta a la hora de la compra.

GAZPACHO DE MELON

Ingredientes

1 melón "francés"
1 melón
1 tomate
1 melocotón
unas hojas de orégano
pétalos de flores
1 pizca de azúcar
aceite de oliva virgen

Elaboración

Corta el melón "francés" por la mitad, retírale las pepitas y la carne. Pela el otro melón y con un pelador corta unas tiras largas. Después ábrelo, retírale las pepitas y la carne. Pela el tomate y quítale las pepitas.

Introduce en la batidora la carne de los dos melones, el tomate y un par de hojas de orégano. Tritura bien y añade dos cucharaditas de aceite.

Pela el melocotón y trocéalo en taquitos pequeños.

Sirve en el centro de cada plato, unas tiras de melón, unos trocitos de melocotón. Vierte encima el gazpacho de melón. Decora con unos pétalos de rosa y unas hojitas de orégano.

Corta el melón "francés" por la mitad, retírale las pepitas y la carne.

Introduce en la batidora la carne de los dos melones, el tomate y un par de hojas de orégano.

Sirve en el centro de cada plato, unas tiras de melón, unos trocitos de melocotón.

Vierte encima el gazpacho de melón.

Temporada

Verano

Bebida

Cava

Consejo de Karlos

Como decía Plinio, los melones son como los amigos, para encontrar uno bueno, hay que catar 50.

FLAN DE MANZANA

Ingredientes

1/4 l. de leche
200 gr. de leche condensada
2 huevos, 2 manzanas
100 gr. de azúcar
2 ramas de canela
unas gotas de zumo de limón
unas gotas de agua
250 gr. de fresas, 2 yogures

Para decorar: salsa de caramelo, menta, grosellas

Elaboración

Pon a cocer la leche con las dos ramas de canela en un cazo. Deja enfriar. Pela las manzanas, trocéalas y colócalas en un bol de cristal. Tápalo con film de cocina e introduce en el microondas durante 5 minutos.

Pon el azúcar, unas gotas de zumo de limón y otras de agua en una sartén al fuego hasta conseguir un caramelo tostado. Cubre el fondo de los moldes individuales con el caramelo. Coloca en cada molde unos trozos de manzana.

Bate los huevos en un bol, añade la leche condensada e incorpora la leche poco a poco sin dejar de batir. Vierte la mezcla sobre los moldes. Introduce en el microondas a potencia media, durante 7 minutos.

Coloca en una jarra los yogures y las fresas limpias y sin rabo. Tritura con una batidora hasta conseguir una crema ligera. Sirve en cada plato, un poco de crema de fresas y un flan. Decora con grosellas, hojas de menta y salsa de caramelo.

Pela las manzanas, trocéalas y colócalas en un bol de cristal.

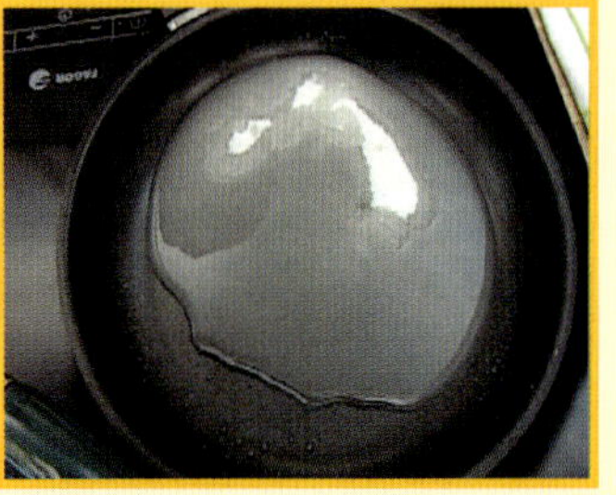

Pon el azúcar, unas gotas de zumo de limón y otras de agua en una sartén al fuego.

Mezcla los huevos batidos, la leche condensada y la leche. Vierte la mezcla sobre los moldes.

Tritura los yogures con las fresas limpias hasta conseguir una crema ligera.

Temporada

Primavera

Bebida

Oporto

Consejo de Karlos

El flan gusta tanto (a grandes y a chicos) porque es un postre suave, delicado y muy agradable de tomar. Además es muy recomendable gracias a su alto poder nutritivo, su ligereza, su facilidad de digestión. Si a esto, además añadimos su precio económico, lo convierten en el postre perfecto.

GRANIZADO DE KIWI

Ingredientes

5-6 kiwis
9 cucharadas de azúcar
1 limón
300 gr. de frutas rojas
1/2 vasito de zumo de granadina
500 gr. de hielo

Elaboración

Coloca en una cazuela los frutos rojos (grosellas, arándanos, frambuesas), el zumo de 1/2 limón y 6 cucharadas de azúcar. Pon a cocer a fuego lento. Cuando esté hecho, tritura y reserva. En una sartén pon el zumo de granadina a reducir.

Pela los kiwis y trocéalos (reserva unas rodajas para decorar las copas). Ponlos en el vaso de la batidora con 2 cucharadas de azúcar y el zumo de 1/2 limón. Tritura bien y cuélalo. Tritura el hielo hasta que quede finamente picado.

Coloca en un platillo el zumo de granadina reducido y en otro una cucharada de azúcar. Pasa el borde de las copas por el zumo de granadina y seguidamente por el azúcar.

Sirve en cada copa una buena base de hielo picado, añade el puré de kiwis y riega con la salsa de frutos rojos. Decora con unas pajitas divertidas.

Coloca en una cazuela los frutos rojos el zumo de 1/2 limón y 6 cucharadas de azúcar.

Tritura los kiwis con 2 cucharadas de azúcar y el zumo de 1/2 limón.

Cuélalo.

Pasa el borde de las copas por el zumo de granadina y seguidamente por el azúcar.

Temporada

Verano

Bebida

Cava

Consejo de Karlos

El sorbete debe hacerse justo en el momento de servir, pues si se reserva en la nevera, el hielo picado se deshará y el sorbete quedará completamente líquido.

BROCHETAS DE CITRICOS

Ingredientes

1 pomelo rosa, 1 pomelo amarillo,
1 limón, 1 naranja, 1 piña
8 naranjas de la china
1/2 l. de helado, menta
aceite de vainilla

Azúcar de especias: 4 cuch. de azúcar, 1 pizca de: canela, de perejil seco, de sal de naranja, de hierba Luisa seca, de nuez moscada, de 4 especias

Elaboración

Pon en un bol el azúcar, añádele la canela, el perejil, la sal de naranja, la hierba Luisa, la nuez moscada y las 4 especias. Mezcla bien y reserva. Mezcla los ingredientes de la salsa de aceite y reserva.

Pela los pomelos, el limón y la naranja y córtalos en gajos. Pela la piña, retira el tronco central y trocea. Limpia las naranjas de la china.

Ensarta la fruta en los pinchos: naranja de la china, piña, pomelo rosa, pomelo amarillo, naranja, limón, y naranja de la china. Espolvorea con el azúcar aromatizado, salsea con la salsa de aceite y con el aceite de vainilla.

Gratina en el horno durante 4-8 minutos. Sirve en cada plato una brocheta, acompaña de un poco de helado y decora con unas hojas de menta. Salsea con el resto de la salsa de aceite y el aceite de vainilla.

Salsa de aceite: 1 cuch. de zumo de pomelo rosa, 1 cuch. de zumo de limón, 1 cuch. de zumo de naranja, aceite de oliva virgen, hojas de menta.

Mezcla el azúcar, la canela, el perejil, la sal de naranja, la hierba Luisa, la nuez moscada y las 4 especias.

Ensarta la fruta en los pinchos.

Espolvorea con el azúcar aromatizado, salsea con la salsa de aceite y con el aceite de vainilla.

Sirve en cada plato una brocheta, un poco de helado y decora con unas hojas de menta.

Temporada

Primavera

Bebida

Cava

CONSEJO DE KARLOS

Un desayuno muy recomendable consiste en combinar naranjas con aceite de oliva virgen. No hay más que pelar las naranjas, cortarlas en rodajas y añadirles un buen chorro de aceite de oliva y 2 cucharadas de azúcar.

TARTA DE HIGOS

Ingredientes

350 gr. de harina
250 gr. de mantequilla
250 gr. de azúcar glas
1 huevo

Para el relleno:
3 huevos, 4 cuch. de azúcar,
1 vaso de nata, 10-12 higos

Para decorar: mermelada de albaricoque, moras, grosellas, hojas de menta

Elaboración

Pon en un bol el azúcar glas y la mantequilla a punto pomada. Mezcla bien, añade el huevo sin dejar de mezclar. Incorpora la harina de golpe y amasa con las manos. Coloca la pasta en film de cocina, ciérralo e introduce en el frigorífico para que repose durante 24 horas.

Corta un cuarto de la pasta, estírala con un rodillo y forra un molde de unos 26 cm. de base desmontable. Introduce en el horno a 180ºC durante 10 minutos.

Pela y corta los higos en mitades y colócalos sobre la pasta quebrada horneada.

Bate con una varilla los huevos con el azúcar y la nata. Vierte esta mezcla sobre el molde. Hornea durante 20 minutos a 180ºC. Desmolda y deja enfriar. Unta la superficie con mermelada de albaricoque y sirve.

Corta un cuarto de la pasta, estírala con un rodillo y forra un molde.

Pela y corta los higos en mitades y colócalos sobre la pasta quebrada horneada.

Bate con una varilla los huevos con el azúcar y la nata. Vierte esta mezcla sobre el molde.

Unta la superficie con mermelada de albaricoque y sirve.

Temporada

Otoño

Bebida

Moscatel

Consejo de Karlos

Un buen higo debe tener el cuello de un ahorcado (morado), la ropa de un pobre (que se cae a trozos), y el ojo de una viuda (el centro rojo).

SEMIFRIO DE PIÑA

Ingredientes

200 ml. de nata
1 kg. de piña en almíbar
6 cucharadas de leche condensada
9 bizcochos de soletilla
6-8 guindas en almíbar
1/2 vaso de licor de frutas

Para decorar: natillas, salsa de frutos del bosque, hierba Luisa en polvo, moras, arándanos, grosellas, hojas de menta

Elaboración

Monta la nata con una batidora de varillas. Añade la leche condensada y mezcla suavemente. Trocea una rodaja de piña e incorpórala a la mezcla.

Mezcla el almíbar de la piña con el licor de frutas. Con ayuda de un pincel, unta los bizcochos.

Unta un bol con mantequilla y cubre las paredes con las rodajas de piña. En el centro de cada rodaja, coloca una guinda cortada por la mitad. Cubre con la nata montada, coloca encima 3 bizcochos, pon una nueva capa de nata y tapa con el resto de los bizcochos.

Introduce en el frigorífico durante 6 horas. A la hora de desmoldar, sumerge brevemente el molde en una cazuela con agua caliente y con ayuda de una espátula despega los bordes. Vuélcalo sobre un plato. Salsea el plato con las natillas y la salsa de frutas del bosque. Espolvorea con la hierba Luisa en polvo. Adorna con moras, arándanos, grosellas y una ramita de menta.

Monta la nata con una batidora de varillas. Añade la leche condensada y mezcla suavemente.

Mezcla el almíbar de la piña con el licor de frutas. Con ayuda de un pincel, unta los bizcochos.

Unta un bol con mantequilla y cubre las paredes con las rodajas de piña. Cubre con nata y bizcochos.

Para desmoldar, sumerge en una cazuela con agua caliente y con una espátula despega los bordes.

Temporada

Invierno

Bebida

Licor de frutas

CONSEJO DE KARLOS

La piña está madura cuando las puntas de las hojas son marrones, aunque el color del fruto sea verde. Muy rica en ácido fólico, contiene una enzima similar a las digestivas, la bromelina o bromelaína, que ayuda a digerir las proteínas, por lo que resulta un postre ideal para facilitar la digestión.

PERITAS EN DULCE

Ingredientes

4 peras, 150 gr. de azúcar
1/2 limón, 1 vaso de agua
2 yogures naturales
20 gr. de pistacho molido
50 gr. de almendra tostada

Para la salsa de caramelo:
200 gr. de azúcar, 1 vaso de nata, 1 nuez de mantequilla, unas gotas de agua, unas gotas de limón

Para decorar: hojas de menta, grosellas

Elaboración

Pela las peras. Colócalas en un bol con 150 gr. de azúcar, el zumo de medio limón y un vaso de agua. Tápalas con film de cocina y ponlas a cocer en el microondas durante 15 minutos. Cuando estén hechas, deja que se enfríen.

Para hacer la salsa de caramelo, pon en un cazo al fuego los 200 gr. de azúcar, añade unas gotas de agua y unas gotas de limón. Cuando se dore, añade la nuez de mantequilla, retira del fuego e incorpora la nata. Mezcla todo bien hasta que quede una salsa homogénea. Pon nuevamente al fuego y deja hervir durante 2-3 minutos. Deja enfriar.

Corta las peras por la mitad y retira el corazón. Corta cada mitad como si fuera un abanico.

Bate los yogures y sirve un poco en cada plato. Vierte en el centro un poco de salsa de caramelo. Con una cuchara, partiendo desde el centro espárcelo hacia fuera, sacando puntas como si fuera una flor. Coloca las medias peras sobre la salsa. Espolvorea con el pistacho rallado y las almendras tostadas. Decora con unas hojas de menta y unas grosellas.

Pela las peras. Colócalas en un bol con azúcar, el zumo de medio limón y un vaso de agua.

Haz la salsa de caramelo.

Corta las peras por la mitad y retira el corazón. Corta cada mitad como si fuera un abanico.

Bate los yogures y sirve un poco en cada plato. Vierte en el centro un poco de salsa de caramelo.

Temporada

Invierno

Bebida

Jerez

Consejo de Karlos

Las peras, además de ser un ingrediente de muchos postres, también acompañan muy bien a las carnes, sobre todo a las aves y a la caza, incluso pueden prepararse como entremés, rellenas de mantequilla al roquefort.

TARTA DE LA ABUELA

Ingredientes

200 gr. de hojaldre
4 manzanas hermosas
1 nuez de mantequilla
2 cucharadas de azúcar
50 gr. de mermelada de albaricoque
un poco de harina para estirar el hojaldre
hojas de menta

Para acompañar: salsa de frambuesas y natillas

Elaboración

Espolvorea el hojaldre con un poco de harina y estíralo con un rodillo hasta que quede muy fino. Colócalo sobre una placa de horno forrado con papel de hornear. Con un cuchillo, corta los extremos para que tenga la forma de un rectángulo regular. Con un tenedor pincha la parte central para que no suba, deja los bordes sin pinchar.

Pela las manzanas, córtalas por la mitad, retira los corazones y córtalas en láminas finas. Cubre la parte central del hojaldre, dejando libres los bordes.

Coloca encima pequeñas porciones de mantequilla y espolvorea con azúcar. Introduce en el horno a 170ºC-180ºC durante 20-25 minutos.

Retira la tarta del horno y unta la superficie con mermelada de albaricoque. Adorna con una ramita de menta y acompaña con salsa de frambuesas y unas natillas.

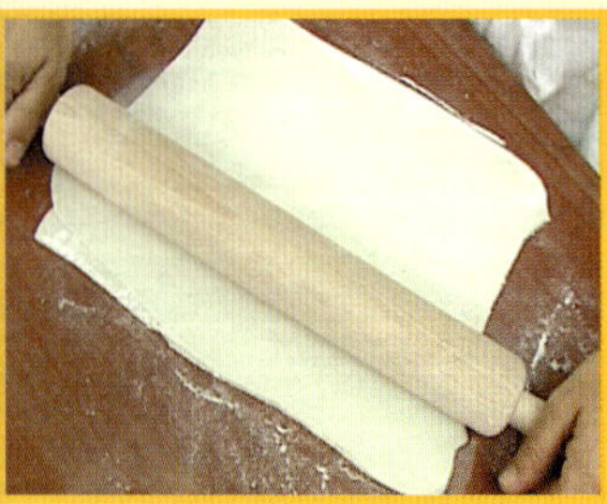

Espolvorea el hojaldre con un poco de harina y estíralo con un rodillo hasta que quede muy fino.

Con un tenedor pincha la parte central para que no suba, deja los bordes sin pinchar.

Cubre la parte central del hojaldre con las láminas finas de manzana.

Retira la tarta del horno y unta la superficie con mermelada de albaricoque.

Temporada

Invierno

Bebida

Chocolate a la taza

CONSEJO DE KARLOS

La harina es un producto perecedero, por lo que hay que respetar la fecha de caducidad. A la hora de almacenarla en casa, hay que hacerlo en un lugar seco, ya que la humedad es su mayor enemigo.

MAGDALENAS DE ACEITE DE OLIVA

Ingredientes

4 huevos
250 gr. de azúcar
200 gr. de harina
1/2 vaso de aceite de oliva virgen
1 sobre de levadura en polvo
hojas de menta

Elaboración

Pon en un bol los 4 huevos. Añade 200 gr. de azúcar y bate con una batidora de varillas eléctrica. Vierte el aceite poco a poco sin dejar de batir.

En otro bol mezcla la levadura con la harina. Pasa la mezcla por un colador e incorpora a la masa de huevos. Mezclar con movimientos envolventes y siempre en la misma dirección.

Pon la masa en la manga pastelera y rellena los moldes de papel.

Coloca sobre cada magdalena una pizca de azúcar e introduce en el horno previamente calentado, a 180ºC, durante 15-18 minutos. Decora con unas hojas de menta.

Pon en un bol los 4 huevos. Añade el azúcar y bate. Vierte el aceite poco a poco sin dejar de batir.

Mezcla la levadura con la harina. Pasa la mezcla por un colador e incorpora a la masa de huevos.

Pon la masa en la manga pastelera y rellena los moldes de papel.

Coloca sobre cada madalena una pizca de azúcar e introduce en el horno.

Temporada

Primavera

Bebida

Café

CONSEJO DE KARLOS

Podéis rellenar madalenas con chocolate líquido, mermelada o caramelo, utilizando unas jeringas grandes. Solo hay que tener cuidado de que al ir engordándoia no estalle.

TRUFAS DE CHOCOLATE

Ingredientes

375 gr. de chocolate de cobertura
2 cucharadas de leche condensada
1/4 l. de nata
1 nuez de mantequilla
1 chorrito de brandy

Para decorar:
200 gr. de chocolate de cobertura, fideos de chocolate, cacao en polvo

Elaboración

Hierve la nata y déjala enfriar. Añade 3 cucharadas de leche condensada y mezcla bien.

Pon el chocolate de cobertura en un bol y fúndelo en el microondas durante 1 minuto. Retira y mezcla bien. Repite la operación hasta que quede líquido. Añade la mantequilla, el chorrito de brandy y la mezcla de nata con leche condensada. Bate hasta que quede una masa homogénea.

Pasa la masa a una fuente baja y deja enfriar a temperatura ambiente durante 24 horas. Pasado este tiempo, con ayuda de dos cucharas de postre, coloca porciones de masa sobre un plato limpio y redondéalas con las manos.

Funde el resto del chocolate e introduce las trufas. A continuación pasa algunas por el cacao en polvo y otras por los fideos de chocolate.

Añade al chocolate, la mantequilla, el chorrito de brandy y la mezcla de nata con leche condensada.

Coloca porciones de masa sobre un plato limpio y redondéalas con las manos.

Funde el resto del chocolate e introduce las trufas.

Pasa algunas por el cacao en polvo y otras por los fideos de chocolate.

Temporada

Invierno

Bebida

Pacharán

Consejo de Karlos

A muchos niños no les gusta la leche y las madres buscan formas para que sus hijos la consuman. La leche condensada es azucarada, lo que hace que a los peques les resulte más fácil de tomar.